> "E' in un sogno
> che è scritto
> il nostro destino"
>
> Carla Pistola

DA DOVE SI NASCE	5
TU SEI SOGNO	6
UNICA REGOLA IL COLORE	7
OLTRE L'IMMAGINE	9
IL FLUSSO CREATIVO	16
PORTALE	21
IL VIAGGIO ASTRATTO DI CARLA PISTOLA	24
ASTRATTISMO	32
Le origini - I primi astrattisti in Italia	32
ARTE INFORMALE	35
MARIAROSARIA BELGIOVINE	61
POESIA VISIVA	61
GIORGIO GREGORIO GRASSO	62
PERCEZIONE MELODICA	62
FRANCESCA BOIOLO	64
AFFINITA' ELETTIVE	64
	66
PROF. LUCA FILIPPONI	67
IL VIAGGIO COME CONDIZIONE ESISTENZIALE	67
©Foto Maurizio Paradisi	69
Carla Pistola	69
©Foto Eugenio Gibertini	71
CURRICULUM ARTISTICO	72
©Foto Marcello Bedoni	79
©Foto Fabrizio Gatta	80
RINGRAZIAMENTI	81
Contatti	83

riferimenti: Da enciclopedia libera wikipedia

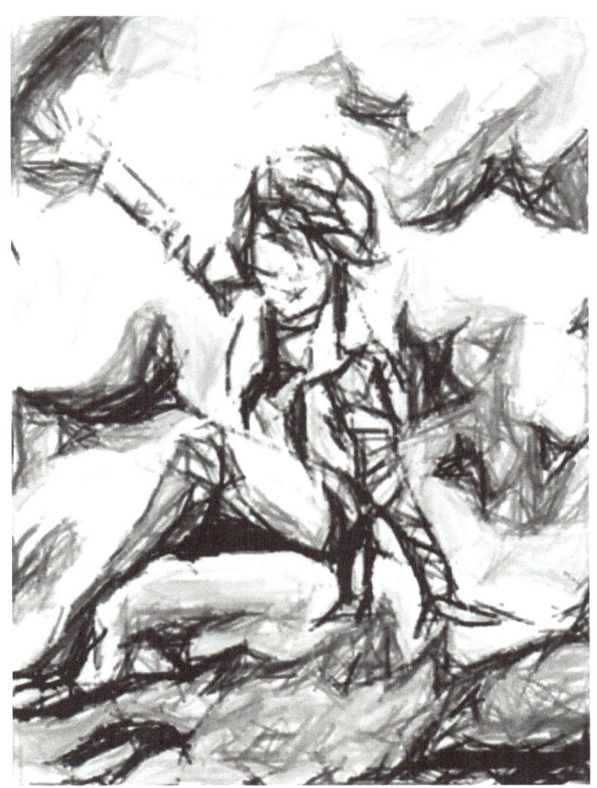

©tutte le immagini contenute in questo libro sono coperte da copyright

Grafica: Carla Pistola

DA DOVE SI NASCE

È da un sogno di bambina che nasce tutto, diventare un' artista. La vita, si sa, non ha certezze ma sogni e sono i sogni a compiere il nostro destino. Si nasce, si cresce giocando ed interpretando tanti ruoli per imparare a vivere. Si studia poi si crea la propria famiglia, nascono i figli desiderati ed amati oltre ogni cosa ed altri sogni ci appartengono ma in fondo al nostro animo c'è sempre nascosto in paziente attesa, il principale al quale, destinati o no, aspireremo. Io volevo diventare un artista.
Forse influenzata dall'ambiente in cui trascorrevo gran parte del mio tempo, a casa dei nonni in un quartiere popolare fatto di sudore, polvere e tanto amore. Fatto di gente che aveva vissuto gli strascichi della grande guerra e che tentava di risalire dal buio con immensa voglia di vivere malgrado le difficoltà. Nonna infermiera e nonno carpentiere, insieme ai miei genitori, mi hanno insegnato ad aiutare gli altri e ad inseguire i propri sogni coltivando le mie passioni ed abilità, ed e' qui che nasce tutto. Nel loro palazzo abitava un noto pittore locale, Mondo Giuliani, dipingeva ad acquerello e quel suo dar vita ad immagini su dei semplici fogli di carta bianca mi affascinava non poco. Molti artisti locali hanno frequentato il suo laboratorio artistico, a me era riservato osservare, poi di nascosto, una volta a casa, cercavo di ricreare con acqua e colori quelle sfumature che lasciavano spazio all'immaginazione ed ogni volta assistevo alla magia della creazione. Credo sia da qui che nasca il mio voler essere artista.
Si nasce da un sogno…

Siccome è da un sogno che si compie il nostro destino il testo che segue l'ho scritto per i miei figli e tutti i ragazzi di questo tempo che non riescono oggi a vedere il proprio futuro.

TU SEI SOGNO

Sogna piccolo uomo...
sogna il tuo mondo...
sogna il tuo mare....
quello infinito dove l'occhio perde l'orizzonte...
Sogna il tuo sole…
quello che ti coccola e scalda col suo abbraccio...
Sogna piccolo uomo
sogna il tuo vento...
quello freddo e violento
che ti schiaccia in una fredda morsa l'animo
e quello leggero e caldo
che ti accarezza dolcemente...
Sogna piccolo uomo
sogna i tuoi desideri...
porta avanti la tua strada ...
scruta l'orizzonte e sogna ...
Sogna il tuo domani ...
quello che ti porterà la vita ...
quello che ti renderà grande...
quello che ti farà cadere e risollevare...
Sogna piccolo uomo ...
Sogna i sentieri più impervi...
difficili ed alti....
li raggiungerai
Sogna uomo
E fa si che la tua vita non ne sia priva…
Tu sei il sogno !

Carla Pistola

UNICA REGOLA IL COLORE

È il colore la regola. Il cardine tutto il percorso dell'artista Carla Pistola. Un percorso poliedrico capace con raffinata bellezza di raggiungere importanti livelli di costruzione visiva e sintesi concettuale. Artista capace di raccontare con poche pennellate una sensazione che esplode sulla tela, oppure di arricchire di particolari una storia costruita per immagini. Il colore diventa non solo il medium visivo, necessario per la realizzazione dei lavori, ma diventa elemento "sacro" che l'artista non solo usa, come ovvio che sia per poter dipingere, ma il colore diventa attesa, elemento di intesa per costruire il racconto della sua creatività.

Carla ci racconta attraverso suggestioni di paesaggi, di luoghi che sono il frutto della sua memoria che diventano la nostra memoria, la nostra identità e nello stesso tempo trasporta, travasa quelle immagini quelle emozioni in una sperimentazione visiva astratta. Il colore esplode, si distrugge secondo logiche apparentemente casuali, ma che in realtà sono regolate dalla creatività e dalle emozioni dell'artista.

Elemento dopo elemento, linea dopo linea, questa tempesta di colore prende forma. Le percezioni che costituiscono la base della lettura dell'opere sono le stesse. Ciò denota da parte dell'artista una grande capacità tecnica e conoscenza dei percorsi della storia dell'arte. Sono cieli che si disintegrano e diventano pensieri che mutano e si trasformano in riflessi che possiamo rintracciare negli occhi di alcune donne, nel bagliore di mari in tempesta, o nella carica espressiva di gesti di pittura che lasciano il segno sulla tela. Un racconto che non smette mai di fermarsi, continua e si trasforma seguendo le necessità dell'artista di comunicare, di sperimentare, di "imporre" con raffinatezza il proprio messaggio.

Roberto Sottile
Critico d'arte e curatore

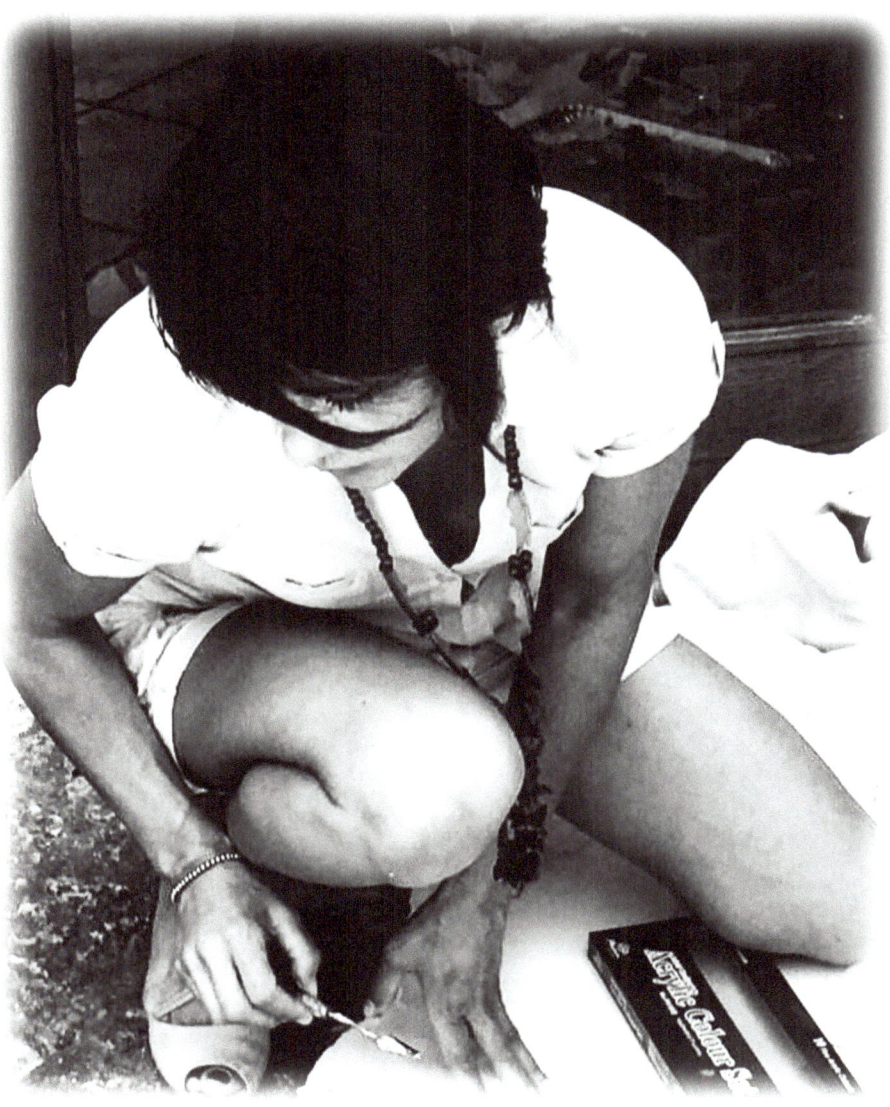

OLTRE L'IMMAGINE

La mia arte astratta nasce da un incontro con l'espressionismo astratto ed alcuni suoi esponenti tra cui Mark Rothko, Jackson Pollock, willem De Kooning, il tedesco Gerard Richter rappresentato anche nel film "opera senza autore" e Barnett Newman.
Mi ritrovo molto in questo movimento poiche' rappresenta un processo che vede le emozioni espresse attraverso l'azione pittorica dove l'artista esiste non perché raffigura qualcosa ma perché' sceglie di agire, si aggiunge inoltre l'uso del colore in chiave espressivo psicologica che diventa l'elemento chiave che va oltre le immagini.
Newman, Pollock, De kooning e Rothko, data la loro spiccata sensibilità verso le vicende storiche dell'epoca che vede imperare la seconda guerra mondiale trovano nella pittura lo sfogo liberatorio. Questo senza regole ne limitazioni, diventa un universo trascendente nel quale rifugiarsi per ritrovare se stessi. La pittura diventa per loro un linguaggio compositivo interamente incentrato sul colore e le sue potenzialità espressive. Nell'espressionismo astratto esiste soltanto l'azione del dipingere intesa come assunzione del rischio di creare il quadro senza un progetto lasciando che nasca e si riveli al momento come auto conferma dell'esistenza dell'artista. Al suo interno si sviluppano due differenti forme di pittura con cui mi sento in sintonia e credo di racchiudere nelle mie opere: l' action painting (pittura d'azione) e la Color field painting (pittura a campitura di colore), seppur apparentemente diverse in entrambe l'individualità dell'artista svolge un ruolo centrale nella realizzazione dell'opera, che avviene attraverso un abile manipolazione di forme e colori dando libera voce alla loro interiorità. E' proprio nel colore che questi artisti ricercano una forma di estasi, quella provocata dalle forti emozioni e percezioni sensoriali.
I loro quadri non raccontano quindi una storia o un'esperienza ma sono essi stessi veicolo di esperienza

percettiva ed emotiva grazie alla potenza evocativa dell'uso del colore appunto. A tal proposito mi piace riportare una frase di uno dei massimi esponenti dell'espressionismo astratto Mark Rothko:-
"La spiegazione dei nostri dipinti deve sorgere da una profonda esperienza tra immagine e osservatore. L'apprezzamento di un'opera d'arte è un vero matrimonio di sensi. E' come un matrimonio, se non viene consumato, si giunge all'annullamento. Si tratta di un legame che l'artista condivide con l'osservatore".
Come questi meravigliosi artisti anch'io nel mio agire pittorico uso il colore come medium principale, è il primo che attira tutti gli altri, non ricerco forme o colori precisi è il quadro che mi suggerisce come procedere, ascolto e dipingo seguendo le sfumature che man mano si vengono a creare. l'opera terminata quando è capace di trascinarmi al suo interno donandomi una forte emozione estetica, quasi mistica che va oltre l'immagine. Mi ritrovo quindi molto nella filosofia del movimento connotata nell'istintività della stesura del colore e nel processo evocativo trascendentale che esso provoca. Per me i colori con le loro intersezioni parlano al cuore e all'animo umano, rappresentano un mondo infinito senza orizzonte dove perdersi nei propri sogni. Credo che davanti ad un'opera astratta, se ci si lascia trasportare dalle sfumature e campiture di colore il dipinto è capace di trasportare l'osservatore in un mondo interiore proprio che si collega con quello dell'artista evocandone uno ulteriore dove i due mondi si fondono.

"l'arte è una magia dove perdersi
per ritrovarsi"

Cit. Carla Pistola

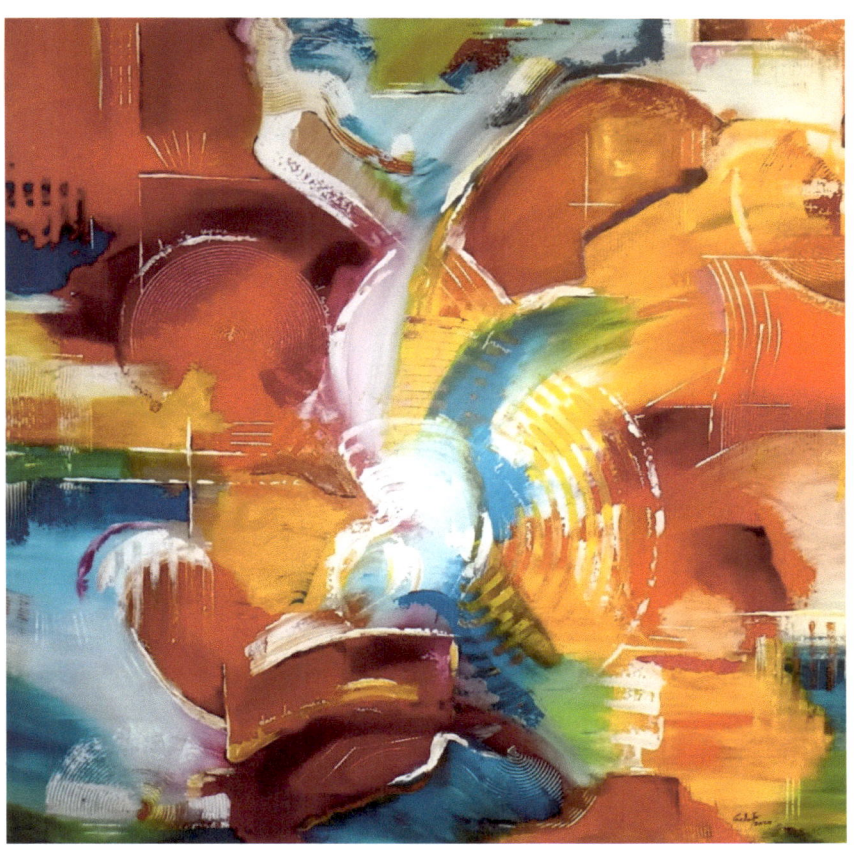

Portale arancio *tecnica acrilico su tela 100x100 2020*

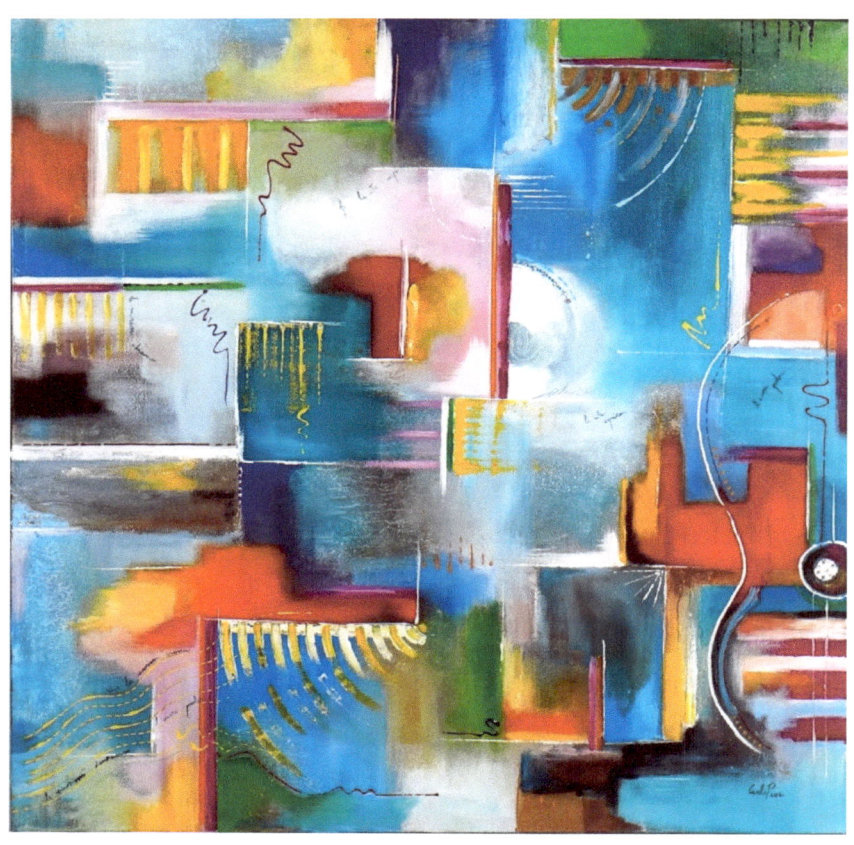

Primavera tecnica Acrilico e swarovski su tela 100x100 cm
2021

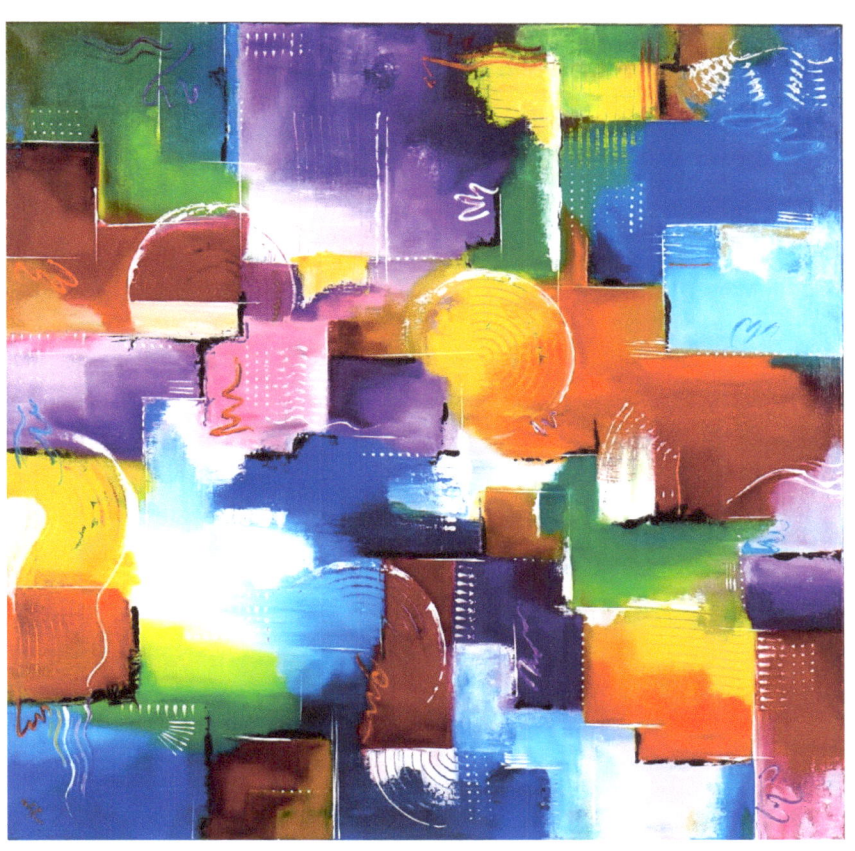

I Colori della vita *tecnica acrilico su tela 100x100 cm 2019*

la pittura è
la collisione fulminante
di mondi differenti
destinati a crearne
uno nuovo

Vassily Kandinsky

IL FLUSSO CREATIVO

Nel mio piccolo studio preparo la tela, i pennelli, i colori ed accendo lo stereo con la mia musica preferita che pian piano sento sempre più lontana. Un sottofondo che quasi non odo e dipingo affascinata dal compiersi della magia trascinata in un luogo e tempo infinito e perpetuo nel quale ogni cosa scompare. Pensandoci ho la reale sensazione di non avere più neanche un corpo, divento un tutt'uno con i colori e le forme che pian piano scivolano sulla mia tela. Non esiste ne tempo ne luogo, il mondo che mi gira quotidianamente intorno si perde tra le cromatiche pennellate che mi rapiscono totalmente. Emozioni e sentimenti che provengono dal mio profondo prendono così colore e forma sulla tela eseguendo uno "spartito pittorico" che acquisisce consapevolezza soltanto ad opera compiuta. Dipingere credo sia un po' come suonare un sound jazz, dal quale nasce una sinfonia unica, irripetibile, coinvolgente ed eterna. Con i miei dipinti tra contrasti cromatici e linee anch'io cerco di creare un ritmo incalzante capace di trascinare, contaminare e portare ogni spettatore me compresa in mondo interiore aperto al proprio sentire ... Il colore è l'elemento principale, surrogato-complementare, delle grandi emozioni che animano l'uomo e la vita, la mia vita. È l' emozione vibrante della luce ed insieme di pigmenti che diventa il mezzo con il quale addentrarsi nella dimensione racchiusa nella propria Anima. In essi ci si perde, tra le forme e le variegate sfumature che vengono a crearsi, riuscendo ad udire quella armonica, a volte dissonante sinfonia che pian piano si manifesta e che a me provoca uno stato di benessere interiore. In questo " flusso" creativo do vita cosi ai miei "portali".

Mi piace pensare ai miei astratti come porte appunto aperte su piani più elevati e intangibili, capaci di metterci in contatto con il nostro lato sensibile. Credo che ogni forma d'arte riesca a far incontrare due mondi altrimenti distanti, quello fisico e reale, l'altro astratto e spirituale e crearne uno tutto nuovo dove perdersi lasciandosi trasportare in un viaggio nel quale i sogni sono i protagonisti.

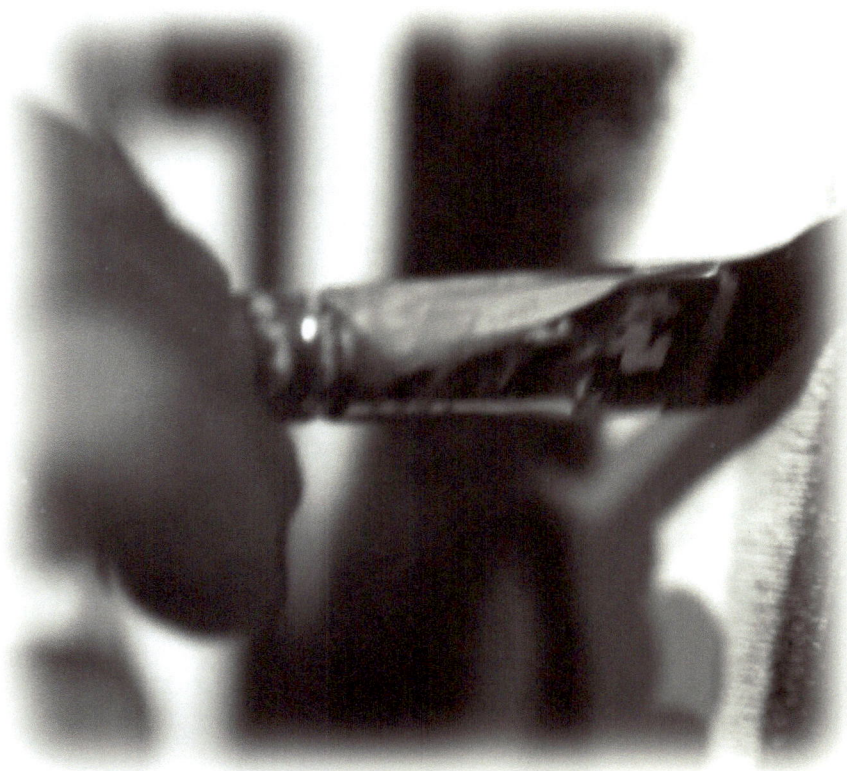

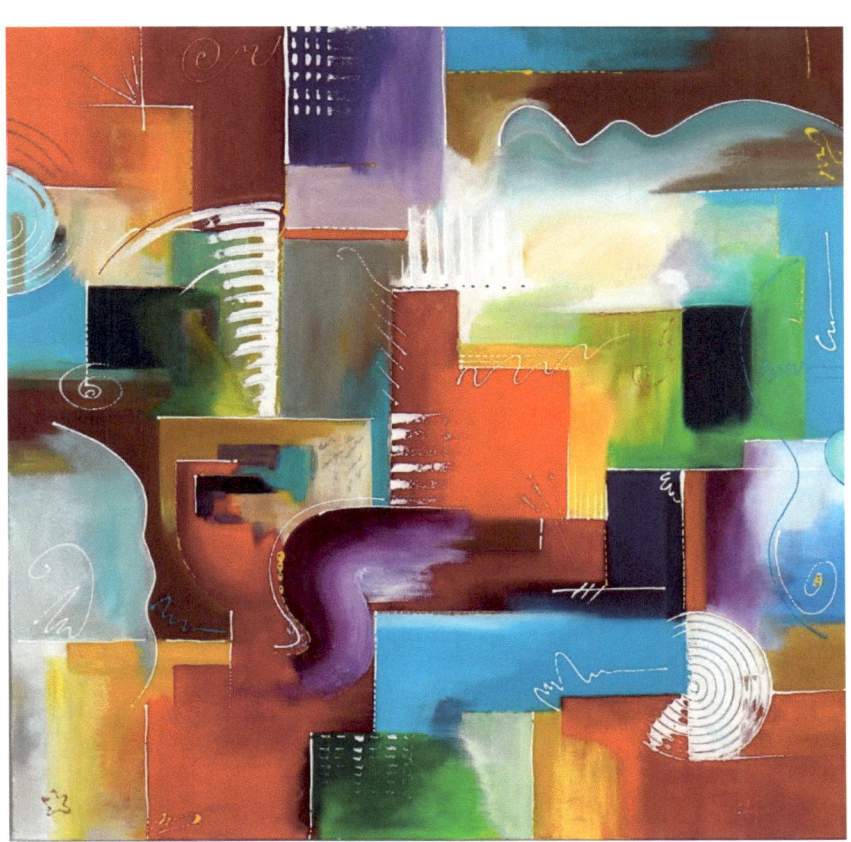

Portale del vento *Tecnica mista su tela 100x100 cm 2021*

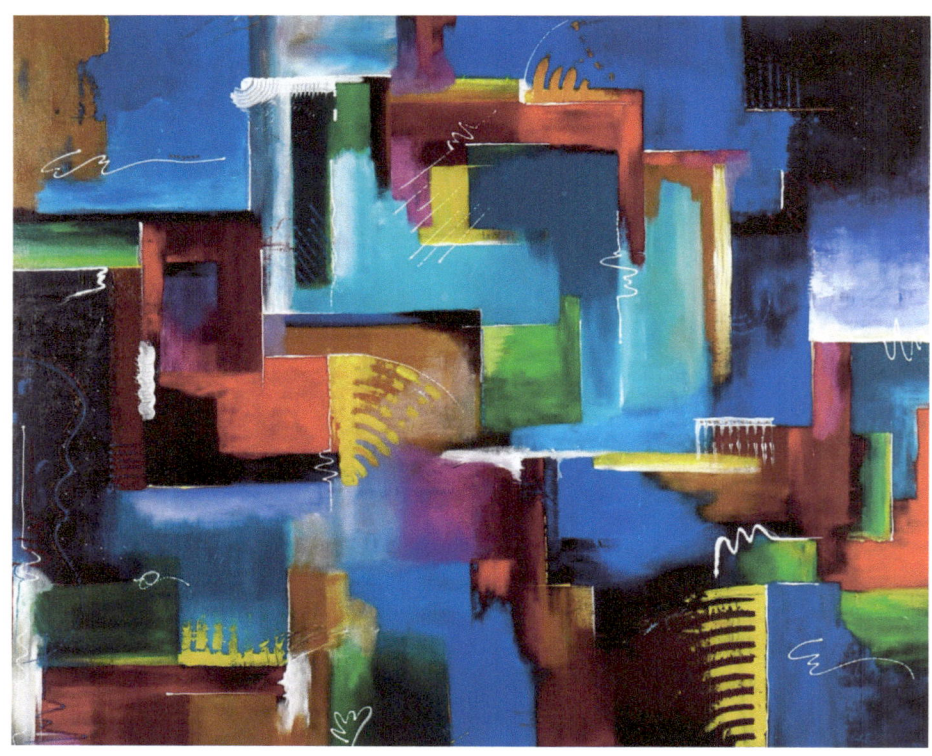

Luci nel buio *Tecnica mista su tela con swarovski 120x100 cm*
2021

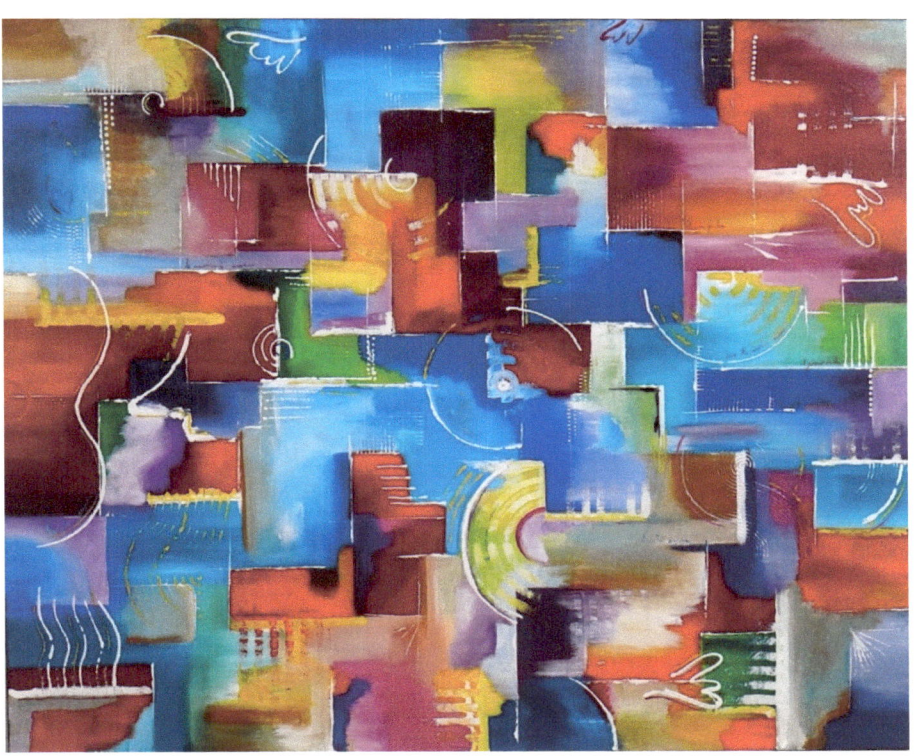

Il respiro della vita *acrilico su tela 120x100 cm 2020*

PORTALE

Esiste un luogo magico
dove il cielo è più blù
le stelle brillano
e la notte si illumina
Dove il silenzio suona
i sensi si amplificano
e le emozioni
vivono ancora
Esiste un luogo
dove volgendo lo sguardo al cielo
ti senti
profondamente parte
di questa tua terra
un luogo magico
dove un' accattivante melodia
suona
e la luna
gioca con le stelle
abbagliando ed amplificando i sensi
Esiste un portale
luogo incantato
dove il cielo e la terra si abbracciano
dove percepisci l'universo intero
l'infinito …
dove comprendi
che tu
sei l'universo.

Carla Pistola

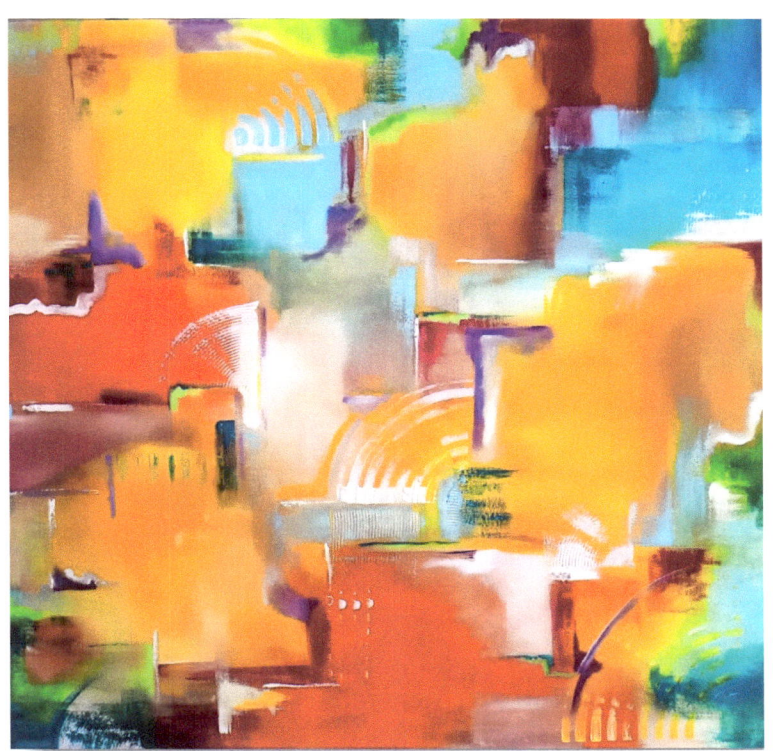

Portale giallo estate *Tecnica mista su tela 100x100 cm 2021*

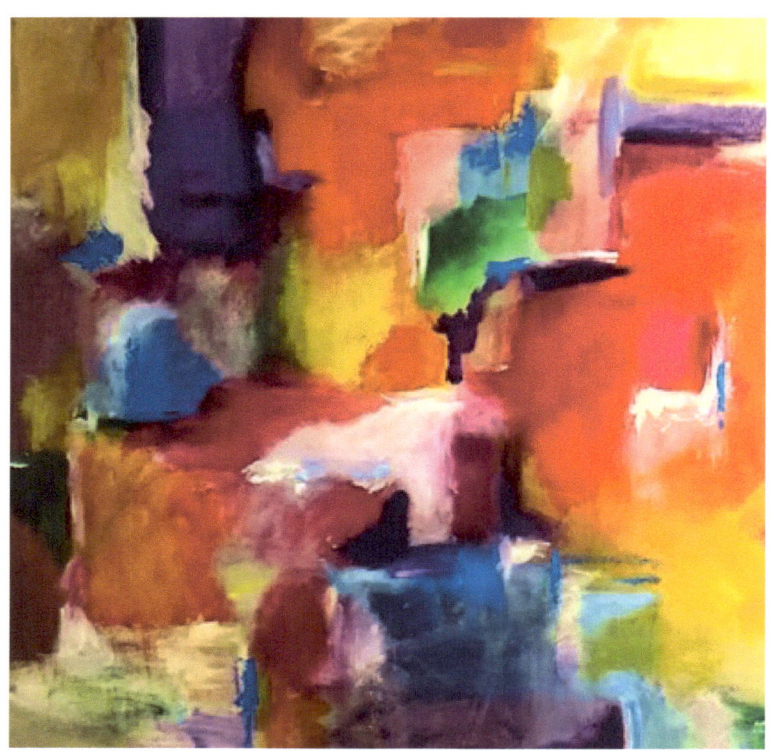

Evoluzione *tecnica acrilico su tela 100x100 cm 2020*

IL VIAGGIO ASTRATTO DI CARLA PISTOLA

Quella di Carla Pistola è un'arte cromaticamente accesa. Un insieme di elementi di chiaro rimando kandiskiano che si uniscono all'astrattismo lirico, con "innesti verbali", del compianto Giorgio Moiso. I quadri dell'artista jesina sono un viaggio nell'intrinsecità della comunicazione che sfocia nell'incomunicabilità dell'uomo moderno.

Le pennellate decise e i semicerchi presenti in molti dei suoi lavori sono movimenti emozionali che pongono lo spettatore davanti a una danza di colori accesi e sentimenti contrastanti che inneggiano a una gioia volatile e allo stesso materica. Ci troviamo dunque dinanzi a un insieme ben strutturato di figurazione e astrattismo che si muove su più piani contenutistici senza mai perdere quella vena di felicità e dolcezza che li caratterizza. Tutti questi aspetti ci accompagnano in un viaggio bipolare, che ci accoglie e ci abbandona alla relatività impossibile di Escher riportandoci però, sempre al medesimo punto.

Dott. Christian Humouda - Critico d'arte e giornalista

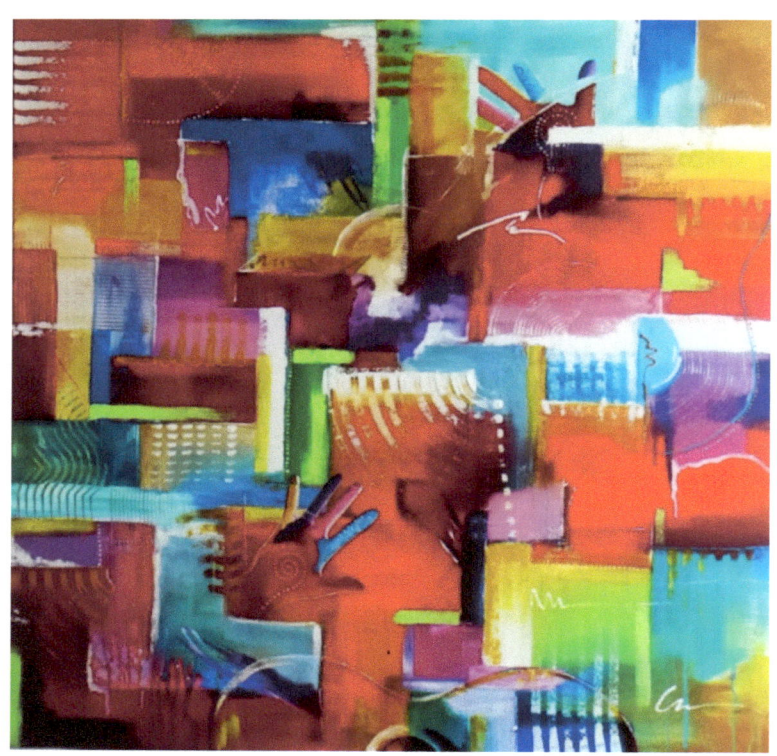

Dittico: Amore in evoluzione *tecnica Acrilico su tela*
100x100 cm 2021

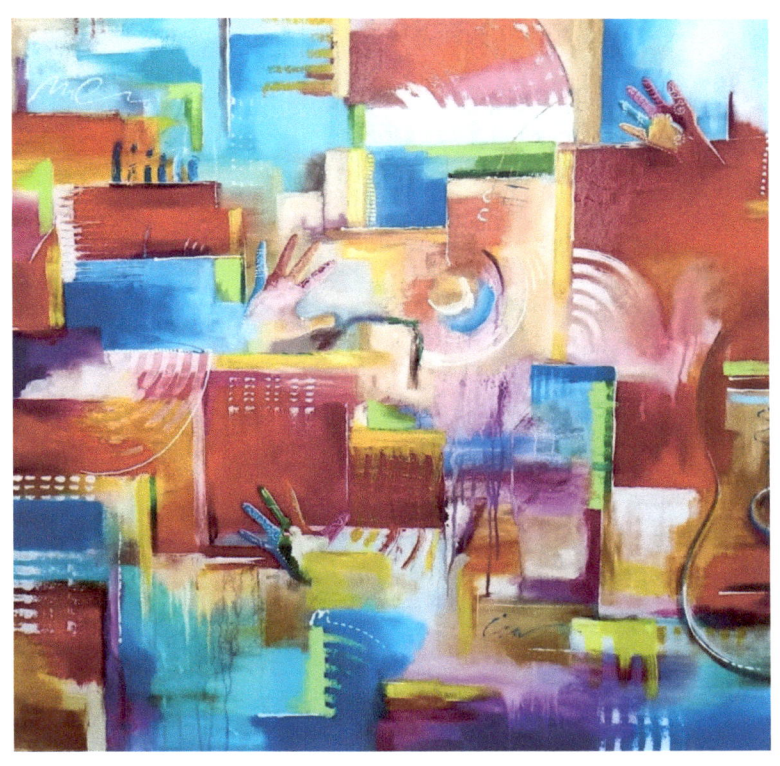

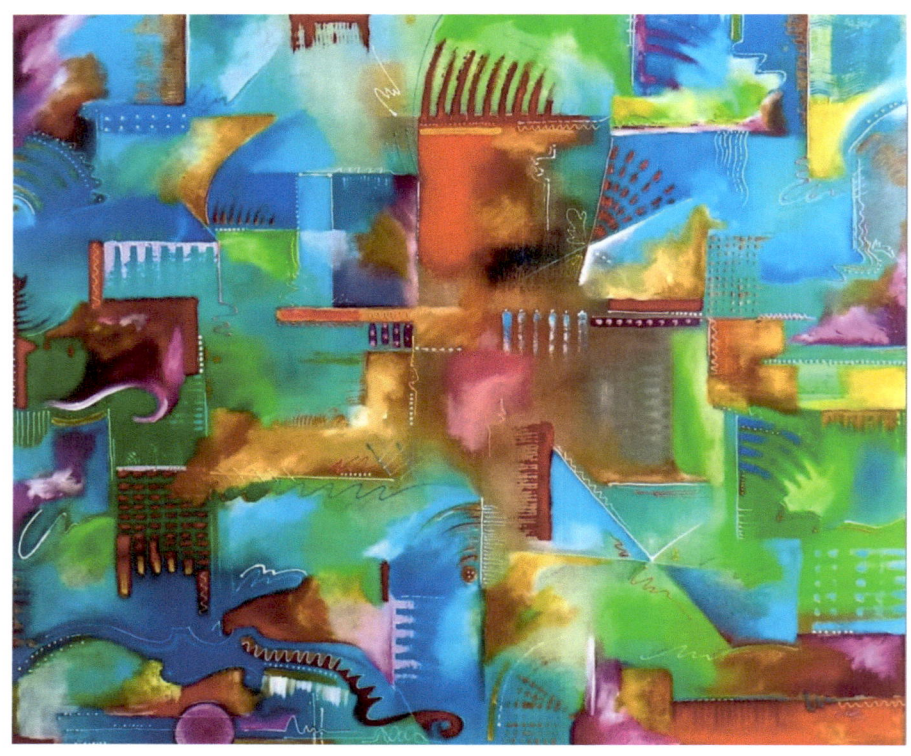

My sound *Tecnica mista su tela con swarovski 120x100 cm* 2022

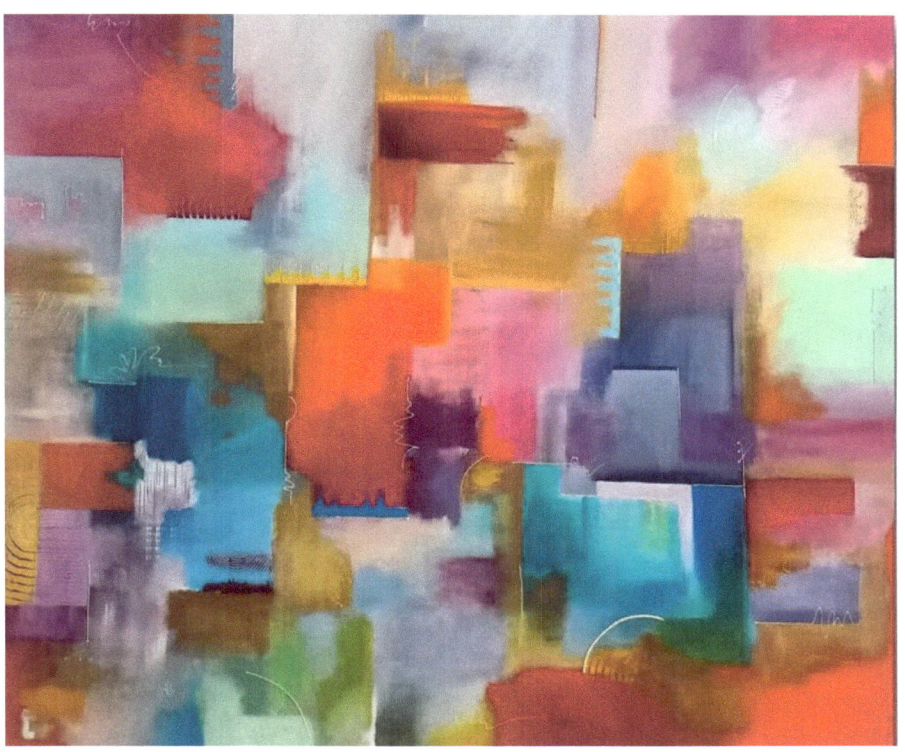

Una primavera per la pace *Tecnica Acrilico su tela 120x100 cm 2022*

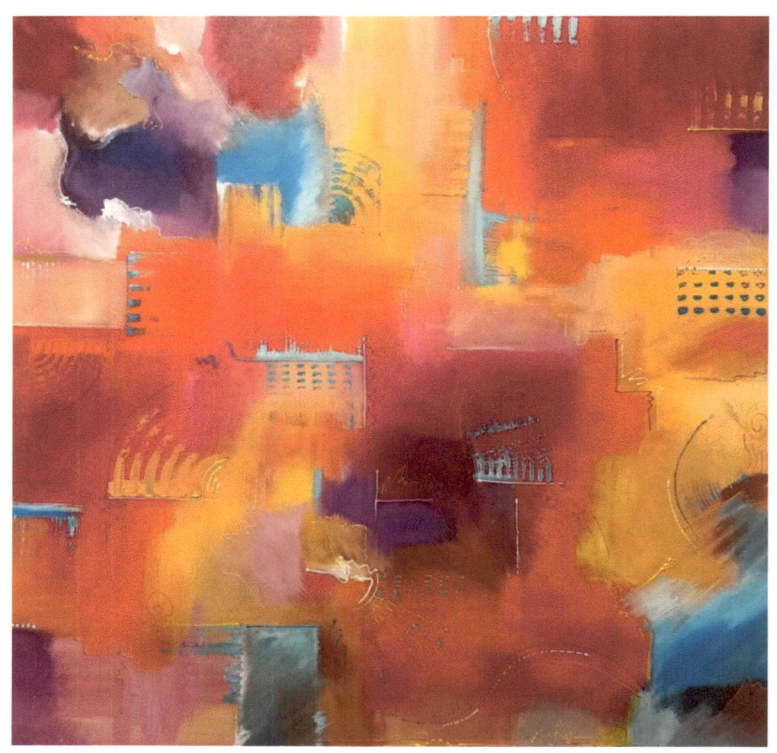

Red and yellow tecnica *acrilico su tela 100x100 cm 2022*

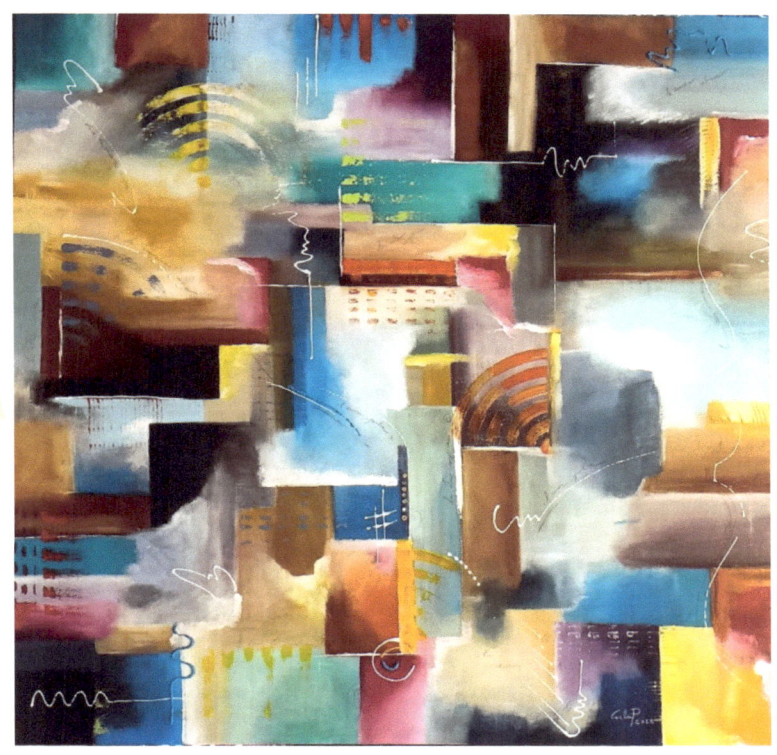

Radici *tecnica mista su tela 80x80 cm 2022*

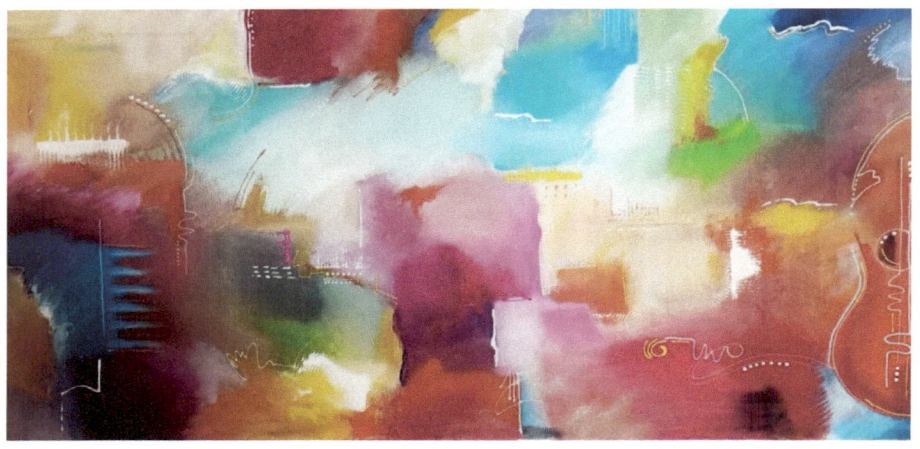

Awakening *tecnica mista su tela* 100x50 cm 2022

ASTRATTISMO

L'astrattismo nasce dalla scelta degli artisti di negare la rappresentazione della realtà per esaltare i propri sentimenti attraverso forme, linee e colori. Punto di riferimento fondamentale è il testo di Wilhelm Worringer Astrazione ed empatia, dove l'arte viene interpretata in base all'intenzionalità dell'artista. La forma viene intesa come risultato dell'incontro tra uomo e mondo, in un alternarsi di empatia, ovvero avvicinamento alla realtà, ed astrazione che invece rifiuta la realtà. Con il termine "astrattismo" vengono quindi spesso disegnate tutte le forme di espressione artistica visuale non figurative, dove si riduce l'immagine dipinta ad una qualsiasi fredda rappresentazione della realtà, senza la mediazione dalla sensibilità dell'artista come nel caso degli impressionisti. Tuttavia in alcune accezioni con "astrattismo" si intende (in senso restrittivo) solamente la ricerca della forma che avviene tramite colori e forme geometriche, come nelle opere di Piet Mondrian, Josef Albers, Mauro Reggiani e Mario Radice, mentre le altre esperienze non figurative vengono definite con nomi propri, quali espressionismo astratto informale e simili, Kandinskij iniziò da una pittura espressionistica con l'accentuazione del colore per passare ad una pittura completamente astratta priva di figure riconoscibili (il suo primo acquarello astratto è del 1910).

Le origini - I primi astrattisti in Italia

I primi, prematuri, esperimenti in Italia di realizzazione di opere d'arte staccate dalla rappresentazione del vero risalgono agli inizi del Novecento con alcune visionarie pitture del bresciano Romolo Romani a Milano, a cui fecero seguito tele di artisti futuristi, quali Ivo Panaggi e soprattutto Giacomo Balla, quest'ultimo in particolare con una serie di quadri denominati "compenetrazioni iridescenti" del 1912. Tuttavia le esperienze di Romani e del futurismo non possono dirsi veramente astratte, in quanto nei quadri di Romani non vi era astrazione, ma se mai un tentativo di fissare le forze della natura, mentre nei futuristi l'idea del movimento e del dinamismo non abbandona mai una base figurativa: Balla infatti studia oggetti che appaiono visti come attraverso le lenti di un caleidoscopio mentre i solidi tridimensionali di Panaggi non sono altro che giocattoli o meccanismi ingranditi, come testimonia talvolta la rappresentazione di un uomo intento ad assemblarli. Anche le forme create da Enrico Prampolini, in apparenza astratte, traggono la loro origine da creature organiche e organismi viventi, se pur dilatati in contesto e dimensioni. L'astrattismo vero e proprio deve invece intendersi come armonia pura distaccata da qualsiasi riproduzione del vero. Vi fu poi l'esperienza parigina di Alberto Magnelli che raggiunse grande notorietà con composizioni propriamente astratte sin dal 1915, influenzate dalla conoscenza diretta che ebbe con i capiscuola dell'astrattismo. Magnelli, se pur Italiano, rimase defilato dal dibattito artistico italiano dell'epoca perché visse costantemente in Francia aderendo dopo il primo conflitto mondiale al gruppo Abstraction-Création, associazione artistica fondata a Parigi nel 1931 da Auguste Herbin e Vantorgerloo per promuovere e sostenere l'arte non figurativa in tutte le sue tendenze, dal costruttivismo al neoplasticismo fino all'astrazione lirica, mediante esposizioni che si tennero in tutto il mondo. In Italia le idee dell'arte astratta pura vennero accolte piuttosto tardi, attorno agli anni trenta, ma si svilupparono in forme di grande spessore artistico, che aprirono la strada a molti dei più originali movimenti del secondo Novecento. Furono due i principali gruppi di pittori astrattisti: il primo, più eterogeneo, guidato dalle teorie espresse da Carlo Belli nel testo "Kn", si riunì attorno alla galleria "il Milione" di Milano, e annoverò nomi quali Mauro Reggiani, il giovane Lucio Fontana, Atanasio Soldati e Luigi Veronesi, il secondo, più coeso, fiorì a Como ispirato dall'architetto Giuseppe Terragni e dai pittori Manlio Rho e Mario Radice, includendo artisti quali: Aldo Galli, Carla Badiali e Carla Prina. Ovviamente data la vicinanza fra Como e Milano furono frequenti gli interscambi fra i primi astrattisti. Il gruppo de "il Milione" praticò un'arte più "istintiva", seguendo il talento di Reggiani, che costruiva mosse geometrie partendo da linee oblique, e dalle originalissime e colorate sintesi di forme realizzate da Osvaldo Licini. La galleria ospitò nel 1934 una personale di Kandinsky voluta anche dall'architetto Alberto Sartoris, vicino a Terragni; la mostra venne certamente vista da Mario Radice che ne portò il messaggio a Como, dove, in presenza di un terreno assai fertile, mise presto frutto. Como era la città della seta, e i concetti di stile e modernità nel colore erano ben presenti. Manlio Rho aveva nella sua libreria i testi della Bauhaus, dove Kandinsky insegnò fino al 1932, Giuseppe Terragni stava già rielaborando con il suo genio in architettura le idee del razionalismo e la scintilla dell'arte di Kandinsky esplose in forme nuove e originalissime, con un astrattismo geometrico puro, in apparenza vicino al suprematismo russo, ma in realtà inconfondibilmente italiano. Nascono così le purissime campiture geometriche di colore nelle tele di Rho, nitide come cristalli ma, al contrario della freddezza cristallina, pervase da un calore che mancava ai suprematisti come Malevic. Il miglior simbolo dell'originalità dell'ambiente lariano è forse la notissima Casa del Fascio di Como, realizzata da Terragni: un parallelepipedo di candido marmo, reso leggerissimo dalle ritmiche finestrature e originariamente affrescato all'interno dalle raffinate e colorate geometrie di Radice. Praticamente una trasposizione in chiave attuale del palazzo comunale medievale, chiuso fuori e affrescato all'interno, sbalorditivo per la freschezza di inventiva paragonata alla pesante retorica dell'architettura "ufficiale" dell'epoca e per l'anticipo su un gusto estetico che si rivelerà attuale molti decenni dopo.

ARTE INFORMALE

L'arte informale è una corrente artistico-pittorica della fine degli anni '40 (se ne parlava già dieci anni prima), nata in linea con l'espressionismo astratto americano per poi evolversi in varie correnti a dipendere dal territorio. Abbiamo infatti l'informale americano, quello europeo e pure una ristretta cerchia in Giappone detta Gruppo Gutai. L'informale si protrae sino a circa i primi anni Sessanta del Novecento. A seguito delle enormi devastazioni e sofferenze portate dalla seconda guerra mondiale, nemmeno gli artisti hanno più certezze. Non si tratta di un movimento in senso stretto ma dell'atmosfera che si viene a creare in quel momento storico, dominata da una forte critica verso tutto ciò che potesse essere ricondotto a una forma, intesa come concepita a priori, ossia prima dell'esperienza. Passioni, tensioni e disagi devono emergere senza il filtro della ragione astratta. Il termine Informale viene coniato nel 1951 dallo studioso francese Michel Tapiè e prevale in virtù della sua genericità: le altre denominazioni possibili erano Art Autre, che evidenziava la distanza assoluta di questo tipo di arte dalle precedenti, oppure Tachisme, che fa riferimento a un modo particolare di distribuire il colore a macchie, quest'ultimo solo per quanto riguarda la pittura. Si possono individuare nell'arte Informale varie matrici, tra cui Dadaismo, Espressionismo e Surrealismo. La pittura diventa informale e si sottrae al figurativo, ma anche alla geometria e al rigore matematico che caratterizzano l'astrattismo. E sta proprio qui il vero cambiamento portato avanti da questi artisti, oltre che smontare la forma e renderla un qualcosa d'informe appunto , essi applicano alla loro pittura molti materiali diversi come prima di loro non si era fatto, soprattutto materiali poveri come sabbia, sassi, carta di giornale, cocci di vetro e molti altri materiali innovativi con i quali ogni artista nel suo singolo sperimenta. L'informale è una concezione ribelle dell'arte, infatti "rifiuta la forma" per intervenire direttamente nella materia con un segno espressivo e un gesto spontaneo, ma non va intesa come "non forma". Il gesto, in particolare, è il momento creativo allo stato puro, diviene quasi un momento di culto, come era avvenuto anche nel movimento Dada, da cui riprende questo aspetto: anche un puro gesto di protesta, come realizzare macchie senza un'apparente forma, può generare un'emozione. L'arte diviene lo stesso atto di dipingere: va oltre al dipinto eseguito. Non si tratta di un movimento artistico omogeneo: raccoglie anche tendenze contrapposte dal momento che non presuppone di attenersi a regole o modelli costituiti ma fa riferimento al motto del "quid ed ora", da esprimere nel modo più libero, spontaneo e violento possibile. Per quanto riguarda la scultura informale in vece, si possono applicare gli stessi precetti.. Non ci sono molti esempi di scultori prettamente informali ma ci sono esempi in molte opere di Alberto Burri (anche di Land Art) e altri come Umberto Milani e Francesco Somaini. Ai materiali e al colore corrisponde un'idea: ad esempio superfici corrugate e bugnate irregolarmente possono suscitare sgradevolezza o aggressività, mentre al contrario superfici lisce e vellutate richiamano sentimenti di serenità. Nell'espressionismo astratto americano, l'esprimere sentimenti e percezioni era un impegno preso più seriamente rispetto agli artisti informali europei, che però non si sottraevano a questo concetto. Fondamentali erano due fattori: un modo nuovo di trattare le forme e la scelta del colore che passa in secondo piano, perché è più importante capire come stendere il colore rispetto al capire quale colore scegliere. Entra in gioco perciò la materia. Questo è il concetto fondamentale dell'arte informale. Dal punto di vista sociologico questa corrente rappresenta l'arte dell'incomunicabilità in senso pessimistico, o in senso ottimistico: il tentativo stesso di una nuova comunicazione.

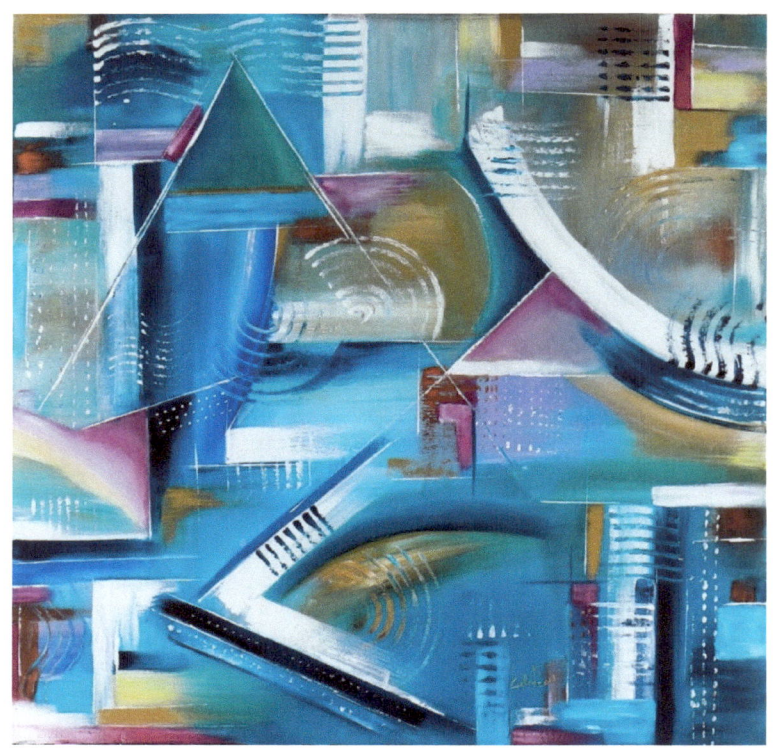

Alba *acrilico su tela 80x80 2019*

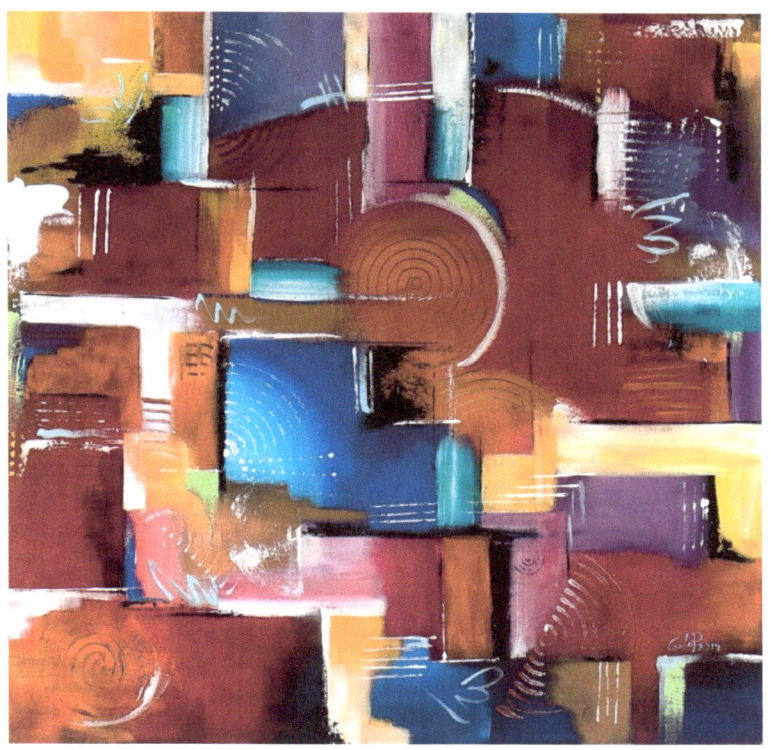

Portale Rosso *acrilico su tela 80x80 2019*

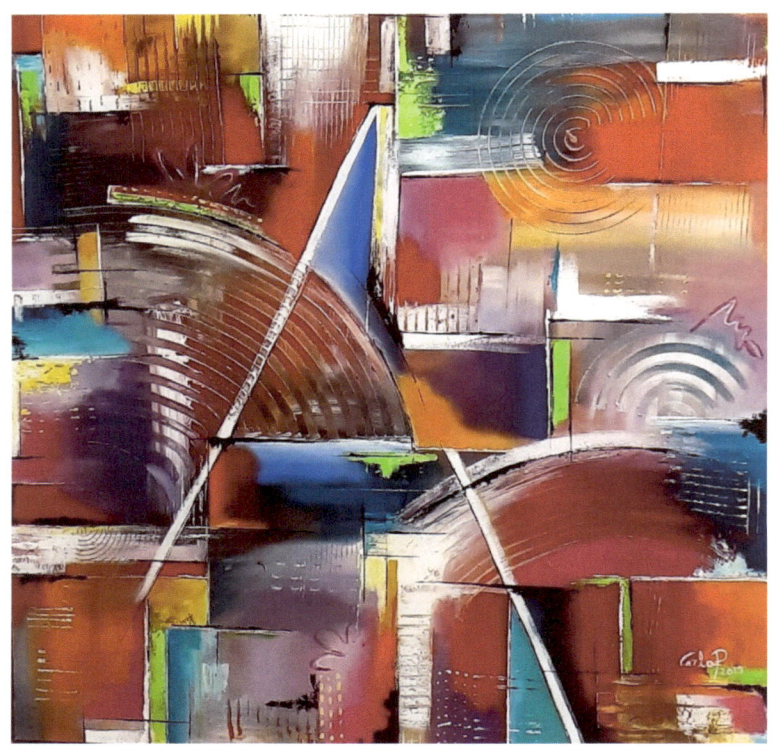

Giochi vitali *acrilico su tela 80x80 cm 2019*

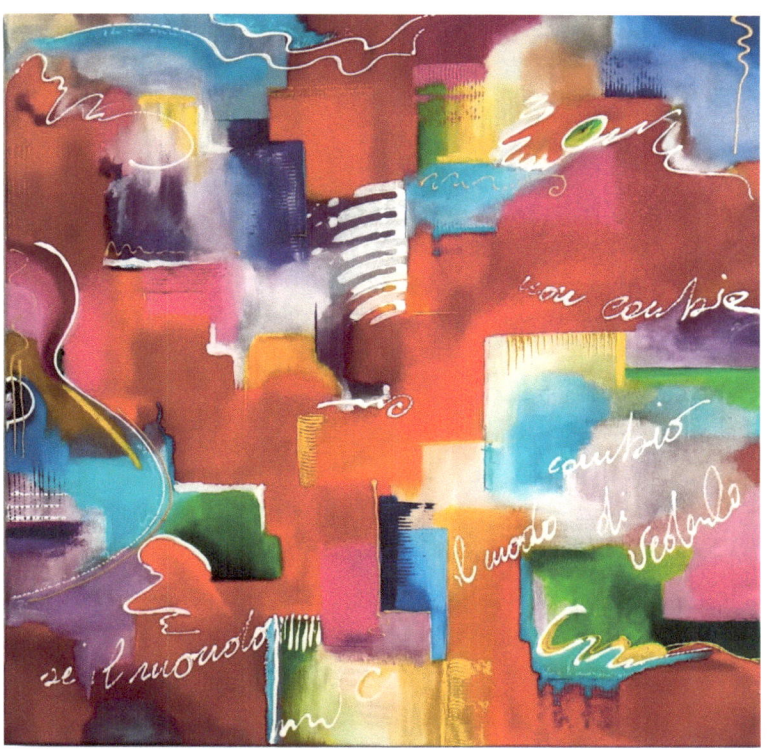

Portale sul mondo *acrilico su tela 80x80 cm 2021*

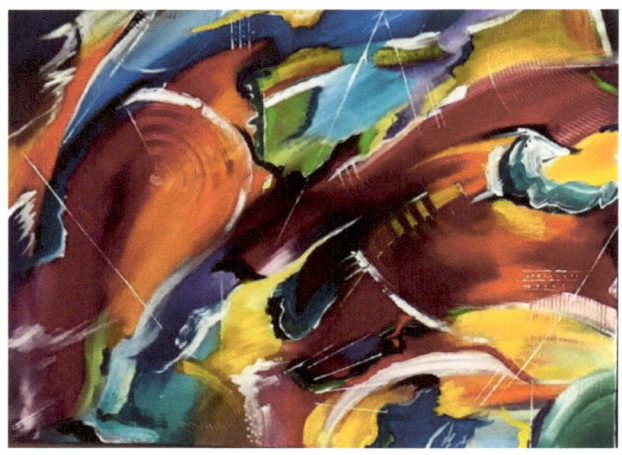

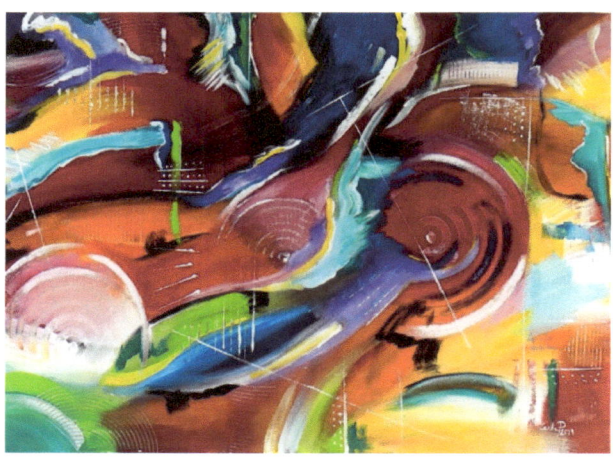

Dittico Insieme 1 e insieme 2 *acrilico su tele 80x60 (160x80)*

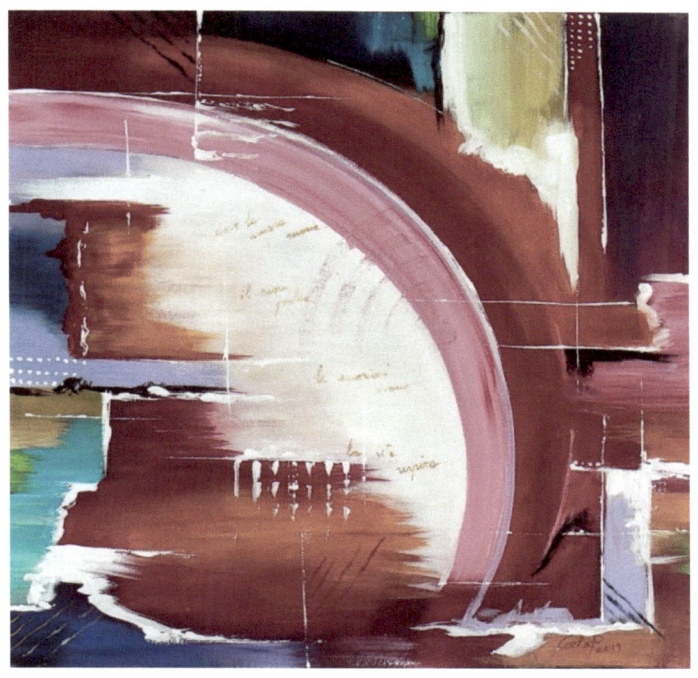

Acrilico su tela 40x40cm 2019

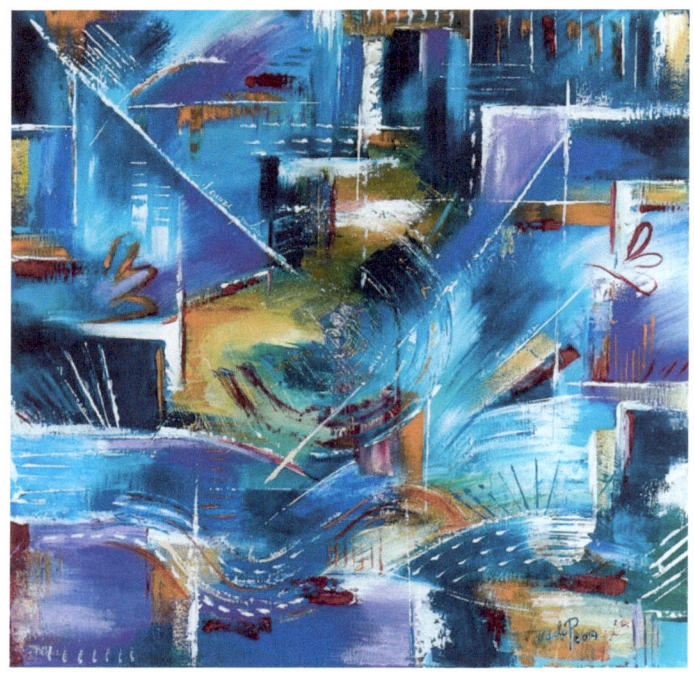

Alba *acrilico su tela* 80x80 cm 2019

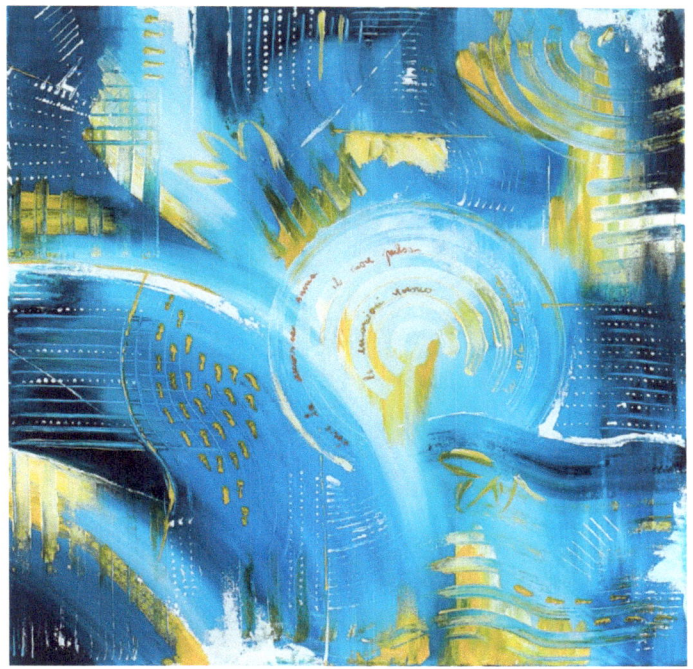

Cielo stellato *acrilico su tela 40x40 cm 2019*

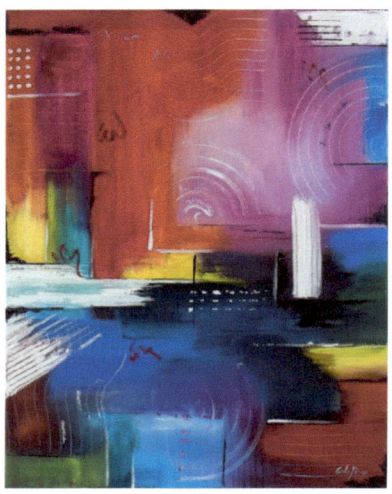

Olio su tela 40x50 2020 cm

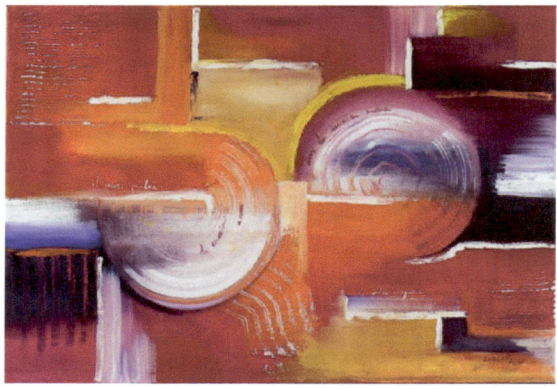

Fuoco *olio su tela 50 x 40 cm 2020*

Dipingo un mondo
intangibile
di colorate emozioni
il colore è luce vibrante
è vita
non riesco a farne a meno

                              Carla Pistola

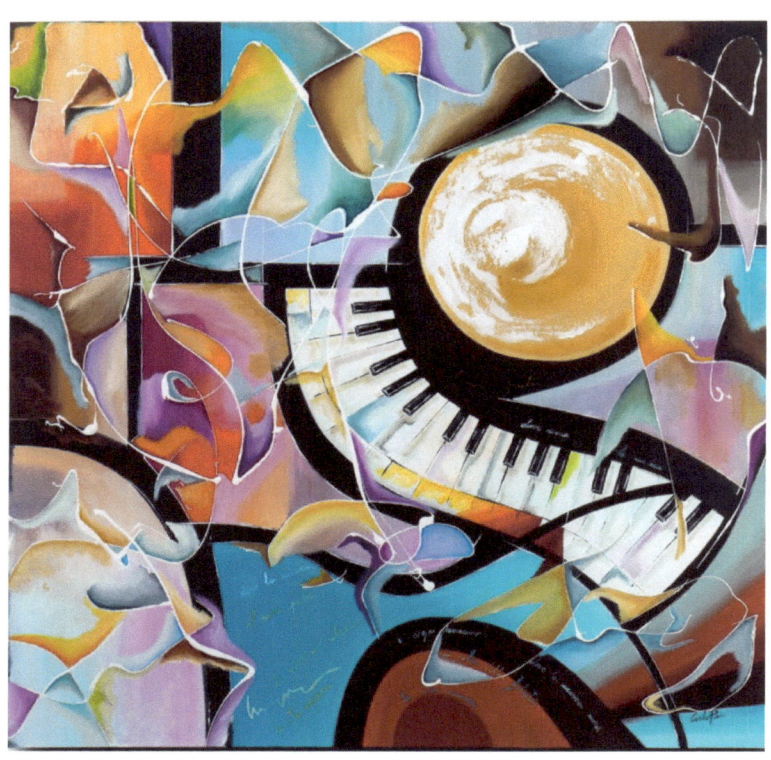

La musica dei colori *Acrilico ed olio su tela 80x80 cm 2021*

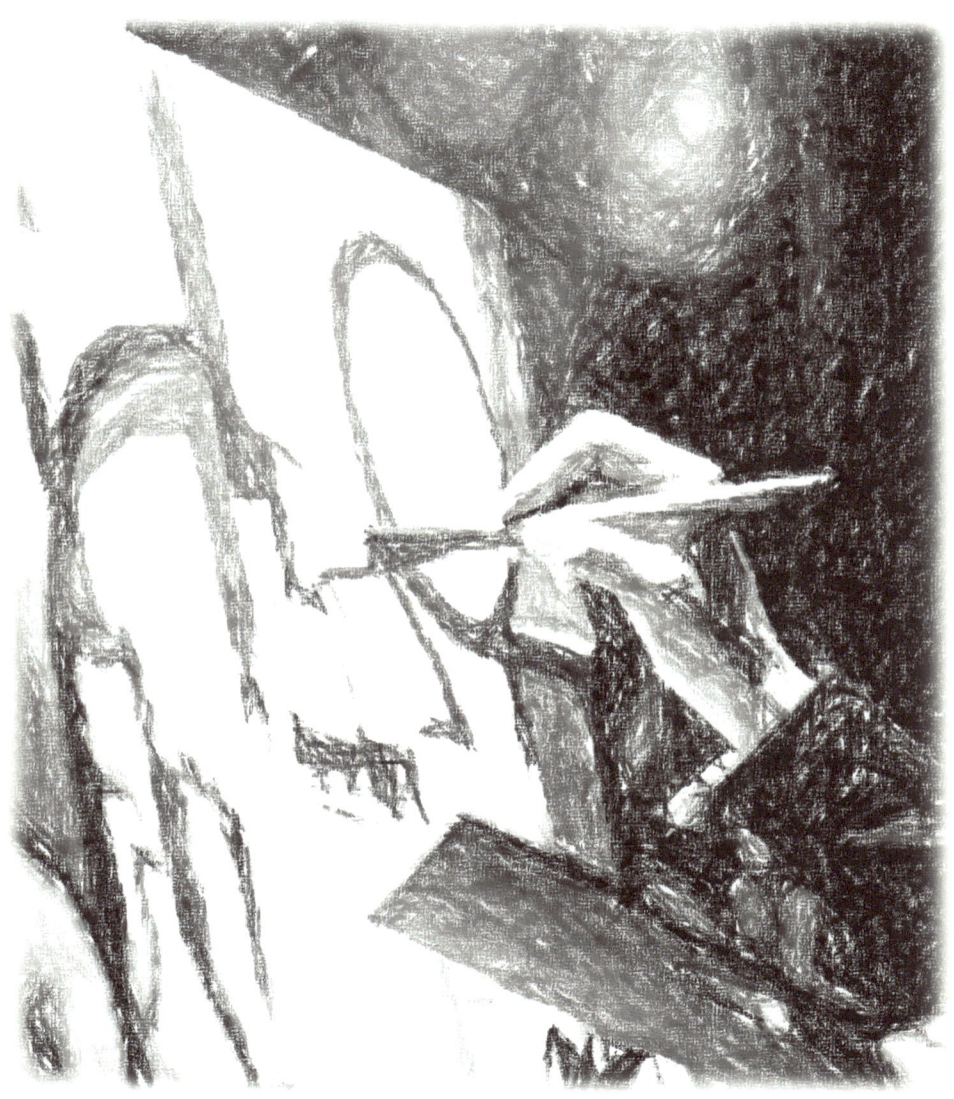

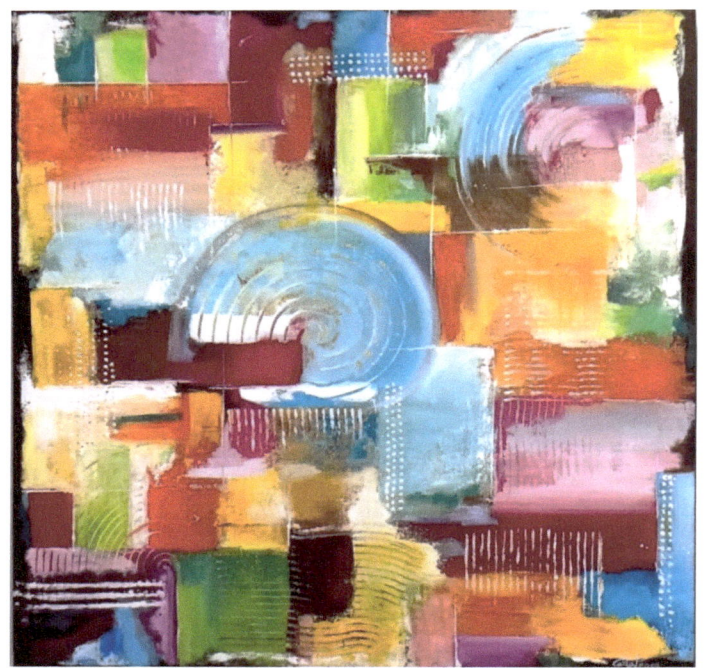

Olio su tela 50x50 cm 2019

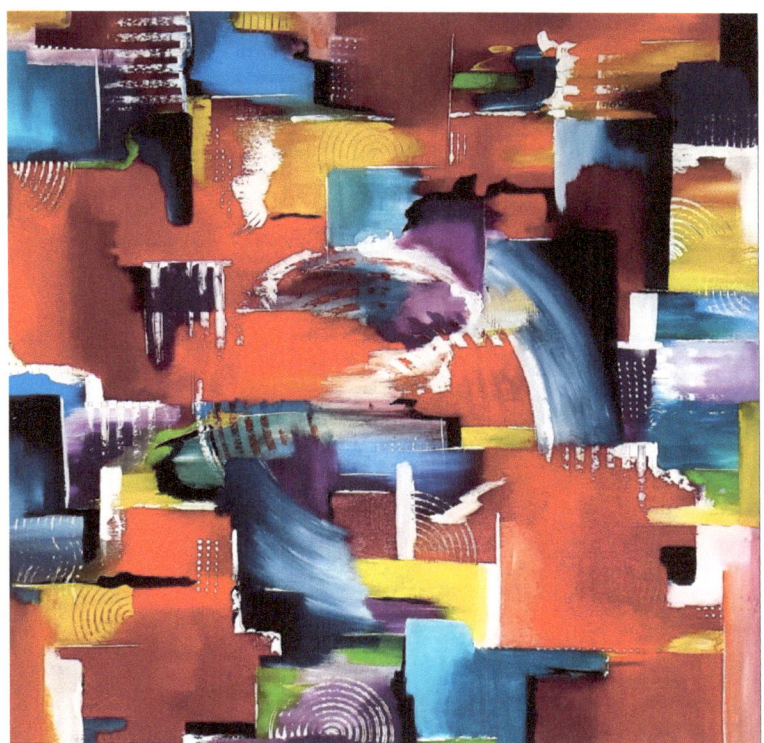

Il mondo intorno *acrilico su tela 100x100 cm 2020*

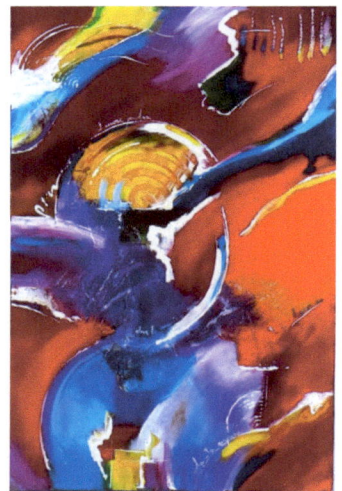

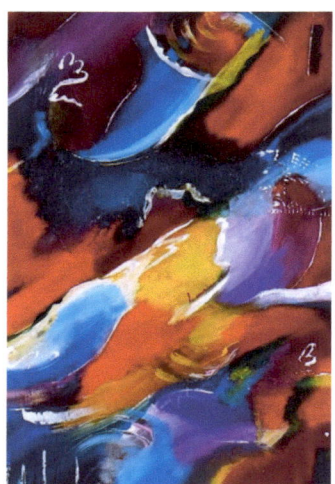

Insieme 1 e 2 *tecnica mista su tela 40x 60 cm 2020*

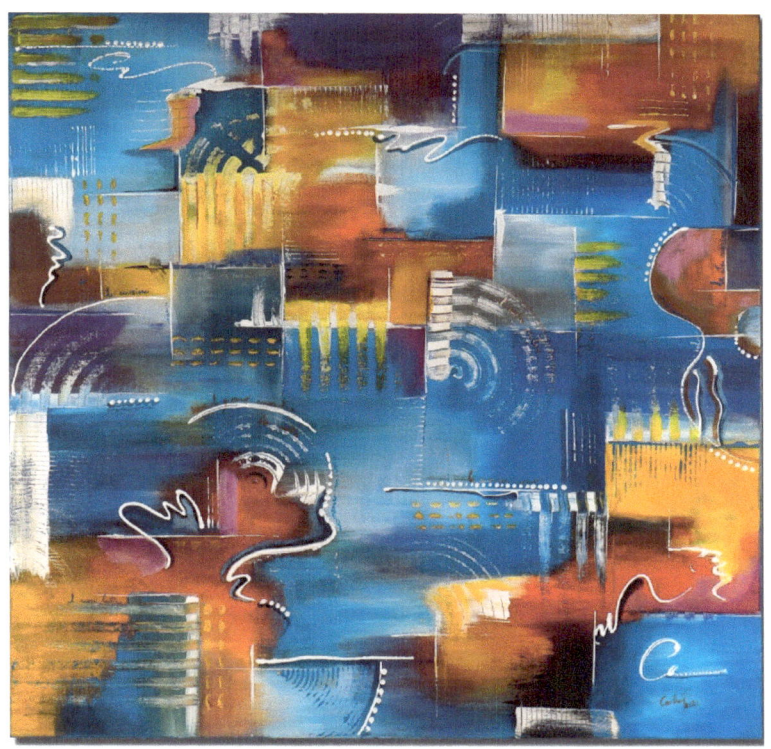

Portale blu *acrilico su tela 80x80 cm 2021*

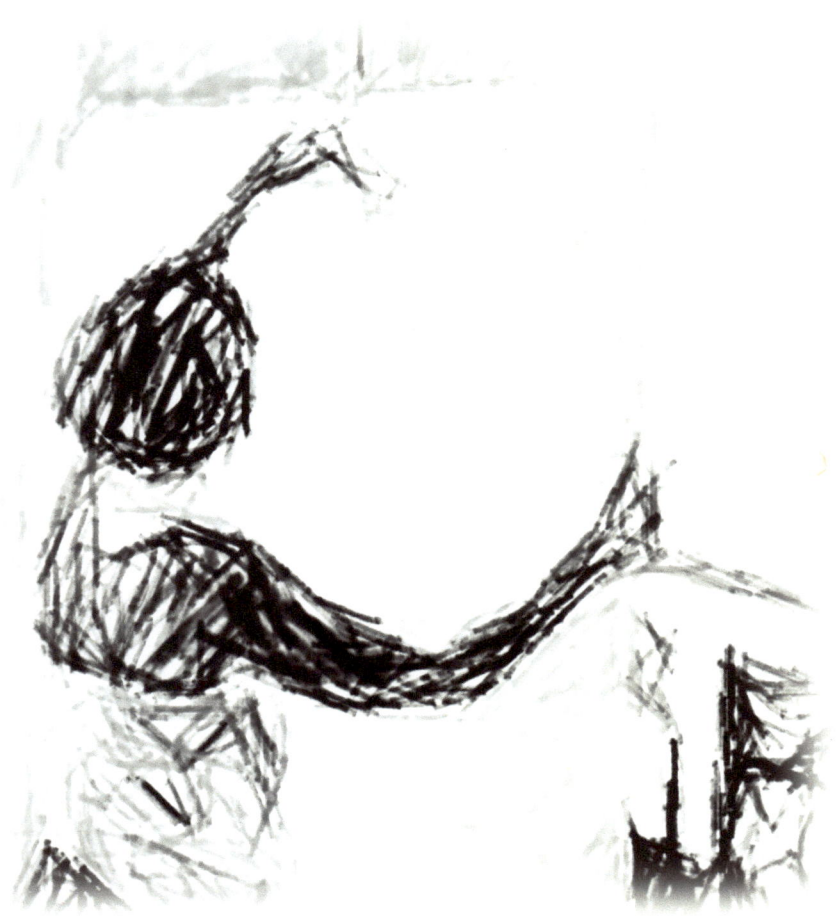

53

I PICCOLISSIMI

Serie A *Acrilico su tela 15x15 cm 2021*

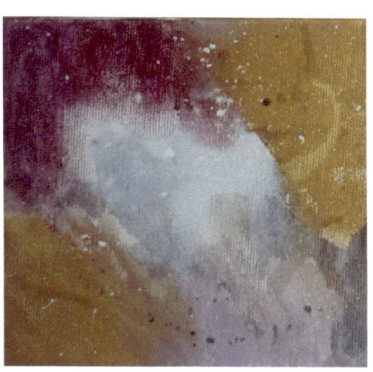

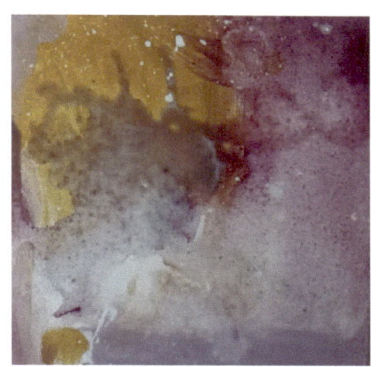

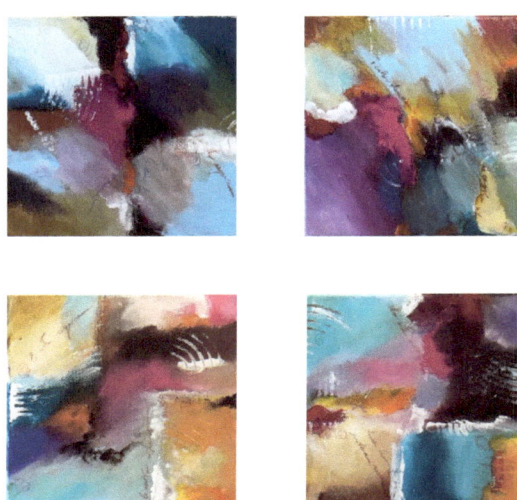

Serie N *acrilico su tela 15x15 cm 2021*

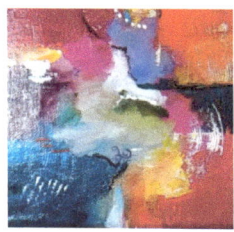 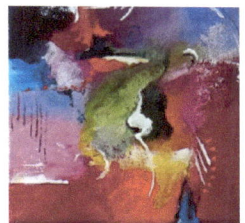

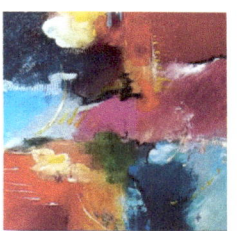 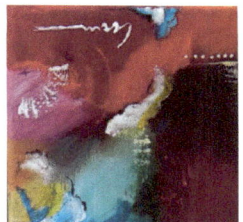

Serie R *tecnica mista su tela 15 x 15 cm 2021*

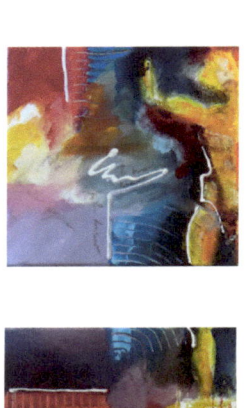
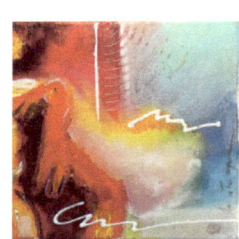
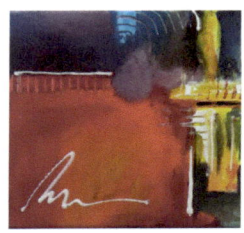
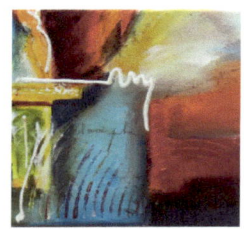
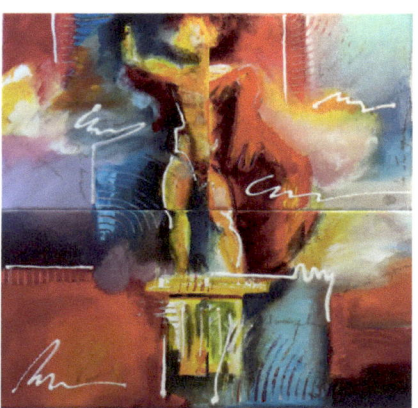

Serie M *acrilico su tela 15x15 cm 2021*

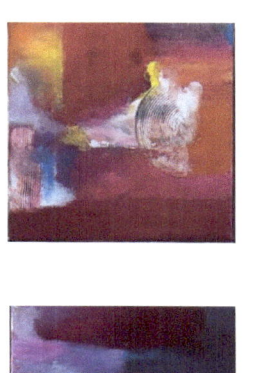
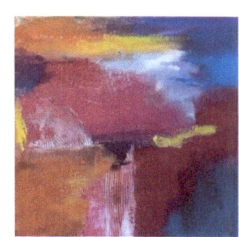
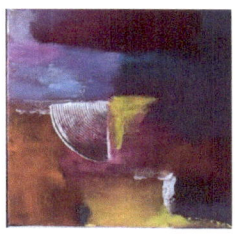
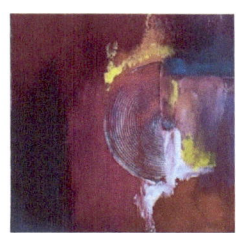

Serie D *acrilico su tela 15x15cm 2021*

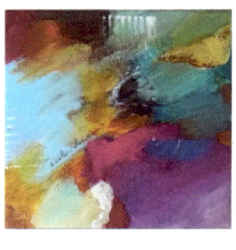
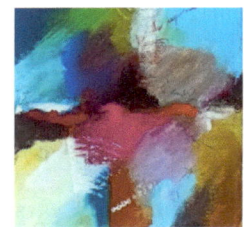
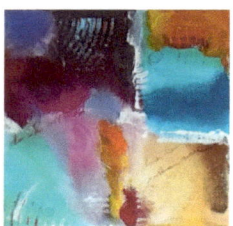
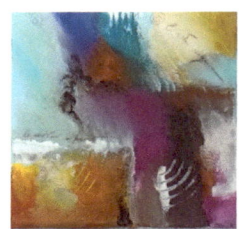

Serie *acrilico su tela 15 x 15 cm 2021*

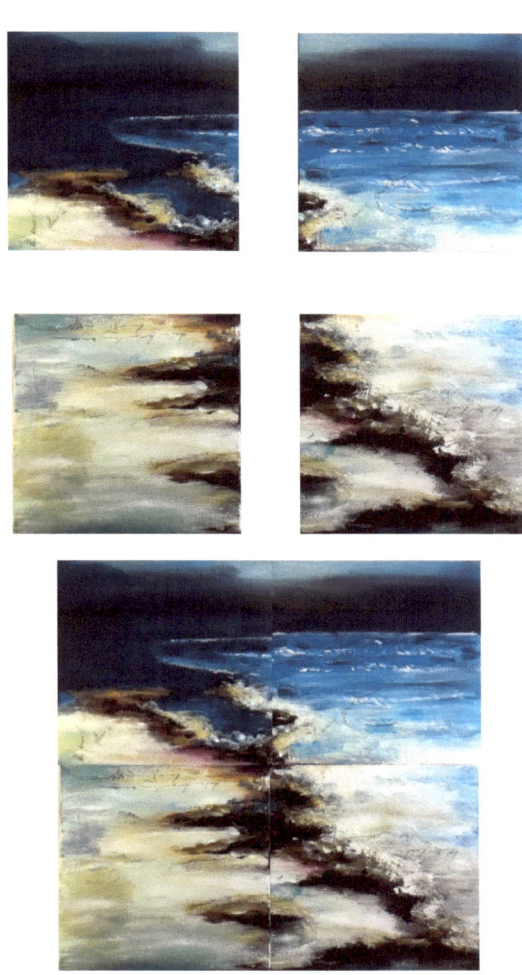

Serie F acrilico su tela 15x15 cm 2021

MARIAROSARIA BELGIOVINE

POESIA VISIVA
Un fascino di immediata purezza avvolge le sue identità pittoriche, frutto di una meditata introspezione visiva. La sua rapidità gestuale, filtra emozioni e reazioni, coinvolgendo sensi e sentimenti dell'intima astrazione della realtà, rivalutata da una pennellata dai tratti estensibili, fino alle velate identità. Significati pittorici di romantica poesia, si inebriano della sua grafia, frutto di una intensa esplorazione della sua anima. L'espressione pittorica di Carla Pistola, esula da ogni schema accademico, ed esprime con assoluta coerenza il suo voler essere fuori dagli schemi, per trasmettere una poesia visiva dai riflessi ricchi di comunicativa. La grande capacità di dosare le sfumature, domina la gestualità coinvolgente ed armoniosa, con intrecci evocativi sintonizzati dalle sue vibrazioni interiori. I suoi temi pittorici coinvolgono totalmente, ed assorbono l'attenzione oculare, con motivi spesso plasmati da un palpabile senso artistico. Carla Pistola suggerisce gli equilibri visivi, con preziose sfumature armonizzate dalla scelta delle sue identità. L'Artista ci seduce con le sue modulazioni percettive, arricchite di profonde sensazioni interiori. Opere ricche di luce, di brillante armonia e di gestualità perfette. L'ottima scelta tecnica, rende armoniose le suggestive percezioni di luce, per definire un racconto lirico e sensibile nel percorso della sua ricerca.

Mariarosaria Belgiovine *Critica d'arte*

GIORGIO GREGORIO GRASSO

PERCEZIONE MELODICA

Carla Pistola e' un artista poliedrica che opera in ambiti sia figurativi che astratti ed e' in ognuno capace di trovare un suo riconoscibile stile che la rende unica. Nei suoi dipinti, di altissimo livello, sono i colori che dialogano con lo spettatore, capaci di portare gli animi affini a livelli piu' elevati e puri. L'uso sapiente della tavolozza fa si che le sue opere rompano qualsiasi silenzio e riempiano l'aria intorno come una melodia. Se per Kandinsky i colori erano strumenti musicali per Carla Pistola sono note che sulle sue tele, compongono musiche accattivanti capaci di rapire e portare lo spettatore in un mondo introspettivo ed intimo.
Un grande artista e' capace di arrivare dritto ai cuori e Carla Pistola ne e' una meritevole rappresentante.
Sentiremo ancora parlare di lei nel panorama dell'arte contemporaneo.

Storico e critico dell'arte
Prof. Giorgio Gregorio Grasso

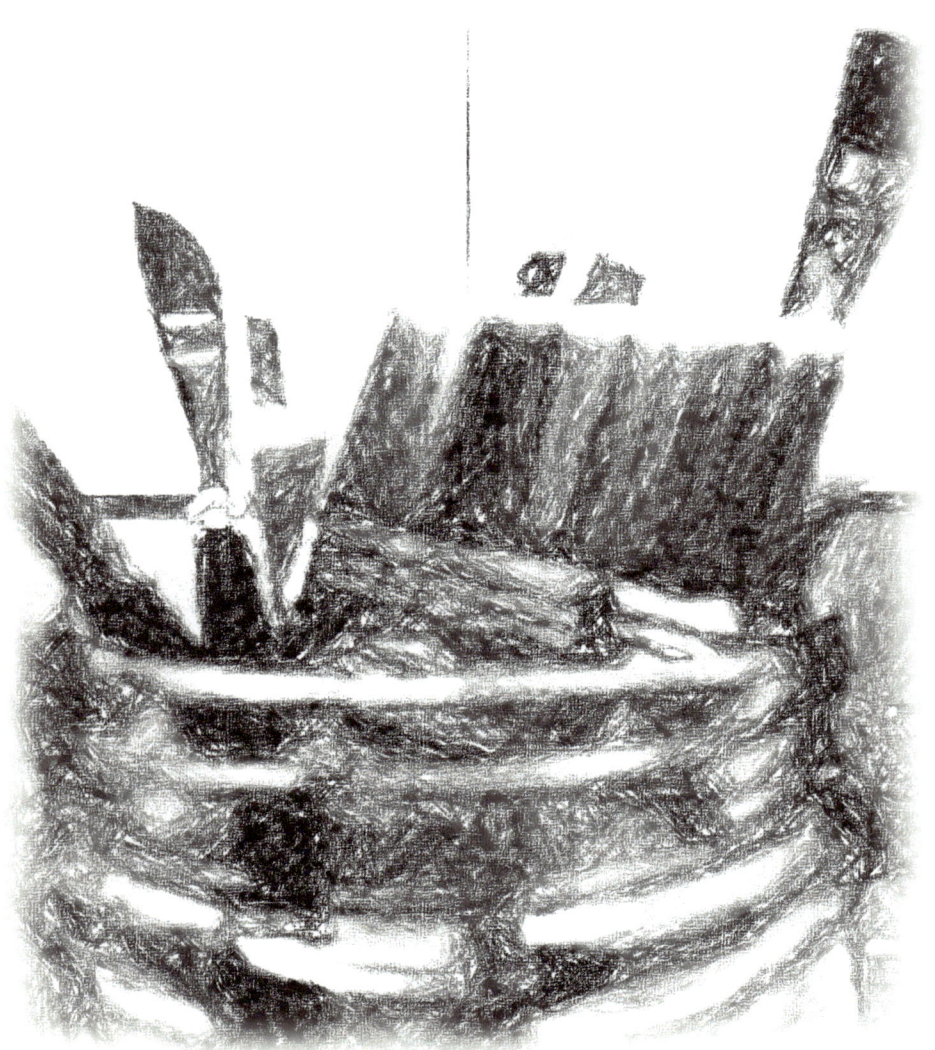

FRANCESCA BOIOLO

AFFINITA' ELETTIVE

Già Simonide di Ceo ricordava che "la pittura è una poesia muta e la poesia una pittura parlante". Le due arti sono da sempre state sentite come strettamente collegate, non solo perché entrambe manifestano esigenze dello spirito attraverso tecniche rigorose, ma perché ad esse ci si può e ci deve accostare in modo simile: con una certa attitudine dell'anima, aperta e disposta all'ascolto, pronta a comprendere che alcuni quadri, così come alcuni componimenti poetici, arrivano dritti dentro l'anima, altri hanno bisogno di un approccio critico, altri devono essere guardati da diverse prospettive, altri hanno bisogno di essere osservati più volte, altri necessitano di luci o ombre per emergere nel proprio impianto lirico.
Una pittura poesia ribadiva Orazio: la pittura è come la poesia, in grado di riconnetterci con la parte più sincera e viva di noi stessi, quella che a volte passa di fretta davanti allo specchio, temendo di mostrarsi nel suo lato più fragile. Nelle opere di Carla Pistola, le due arti appaiono incedere allacciate come due gemelle simili alle Grazie, a passo leggero, quasi di danza. Per Carla non esiste poesia senza pittura, o pittura senza poesia. È chiara la vena lirica che li pervade, sottolineata da un approccio formale elegante e raffinato. La delicatezza avvolge le figure e si insinua nei paesaggi, rivelando un tratteggio che concede lunghe suggestioni estetiche. La soggettiva visione poetica dell'artista lascia emergere tra linee sinuose personaggi che si situano in spazi ideali, che con il loro fascino teatrale guidano verso un'altra dimensione dello spirito. L'Arte è la vera protagonista: il confine tra realtà esterna e dimensione interna si annulla, a favore di un assoluto equilibrio. Le visioni aperte delle vedute si rivelano in realtà finestre aperte su paesaggi dell'anima, invitando chi guarda ad

affacciarsi senza riserve. Nel contesto artistico di Carla Pistola trovano spazio allusioni simboliche, richiami mnemonici, sommerse citazioni letterarie, echi di forte fascino emozionale: la gestualità espressiva ma meditata asseconda un procedere artistico affine a quello poetico, in cui ogni elemento trova la sua giusta collocazione. Tra le armonie della Pistola, la mente incontra la malia del ricordo tra realtà e immaginazione, e nel rimembrare dello sguardo l'anima si appaga.

Critica d'arte Francesca Bogliolo

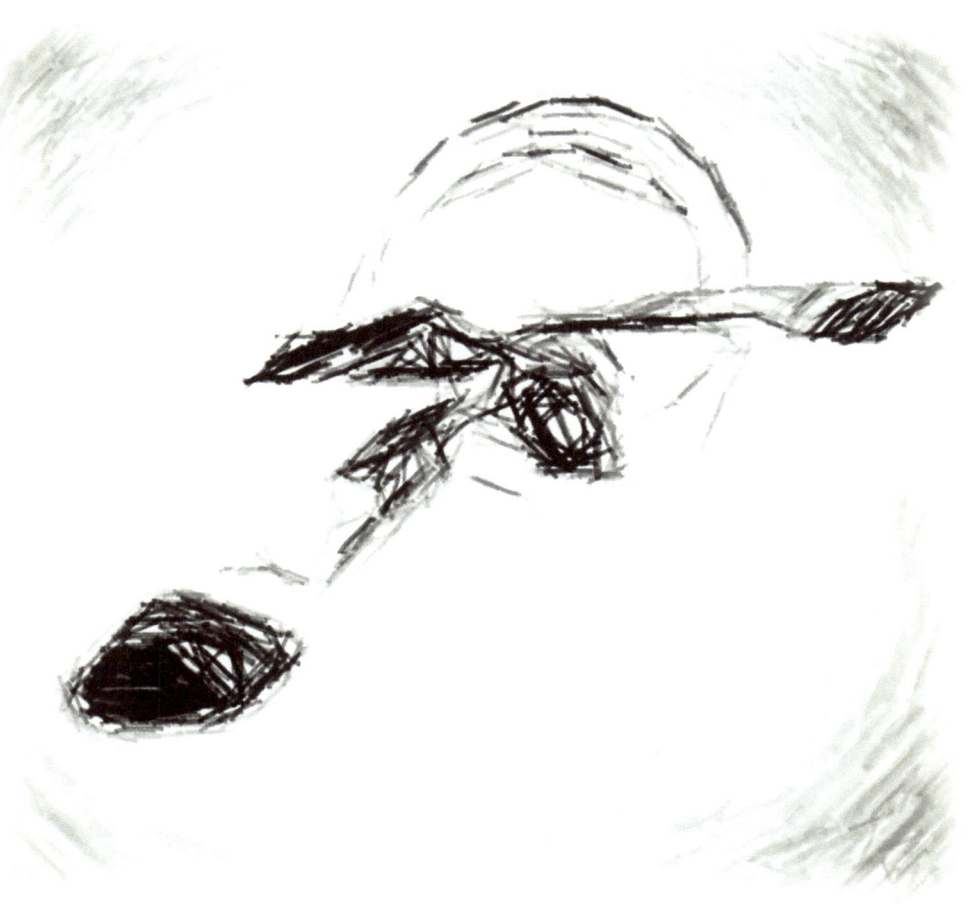

PROF. LUCA FILIPPONI
IL VIAGGIO COME CONDIZIONE ESISTENZIALE

La pittura di Carla Pistola mette in evidenza, oltre all'aspetto tecnico ed estetico d'impatto e raffinato nello stesso tempo, un messaggio di fondo legato all'essere donna ed alla sua visione del mondo.

In particolare nelle marine e nei paesaggi di mare si evidenzia l'idea della vita come un viaggio in mezzo al mare, quasi andando a cogliere la metafora, la poetica del famoso intellettuale francese Stefane Mallarmé che nei suoi versi voleva il senso del viaggio, ma non in senso posto moderno, ma il viaggio di chi ama l'avventura ed il mettersi in gioco, una sorta di viaggio come condizione esistenziale o meglio come in questo caso, la pittura diviene descrittiva di un viaggio nel mare che in realtà raffigura il viaggio metaforico della vita.

Un'artista completa, armonica e che potrà dire la sua nel panorama della contemporaneità.

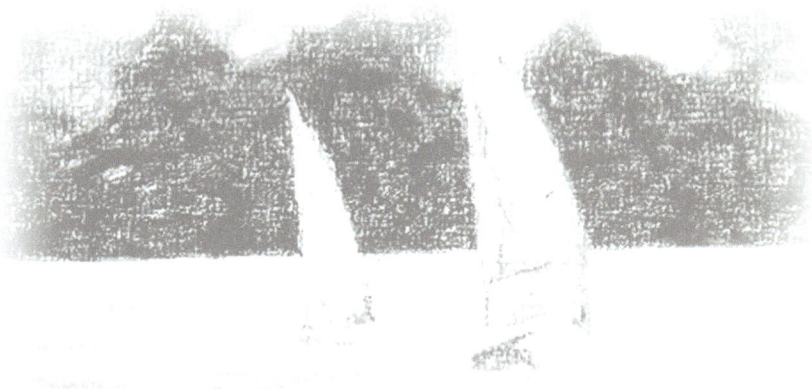

Spoleto Art Festival
Il Presidente Prof Luca Filipponi

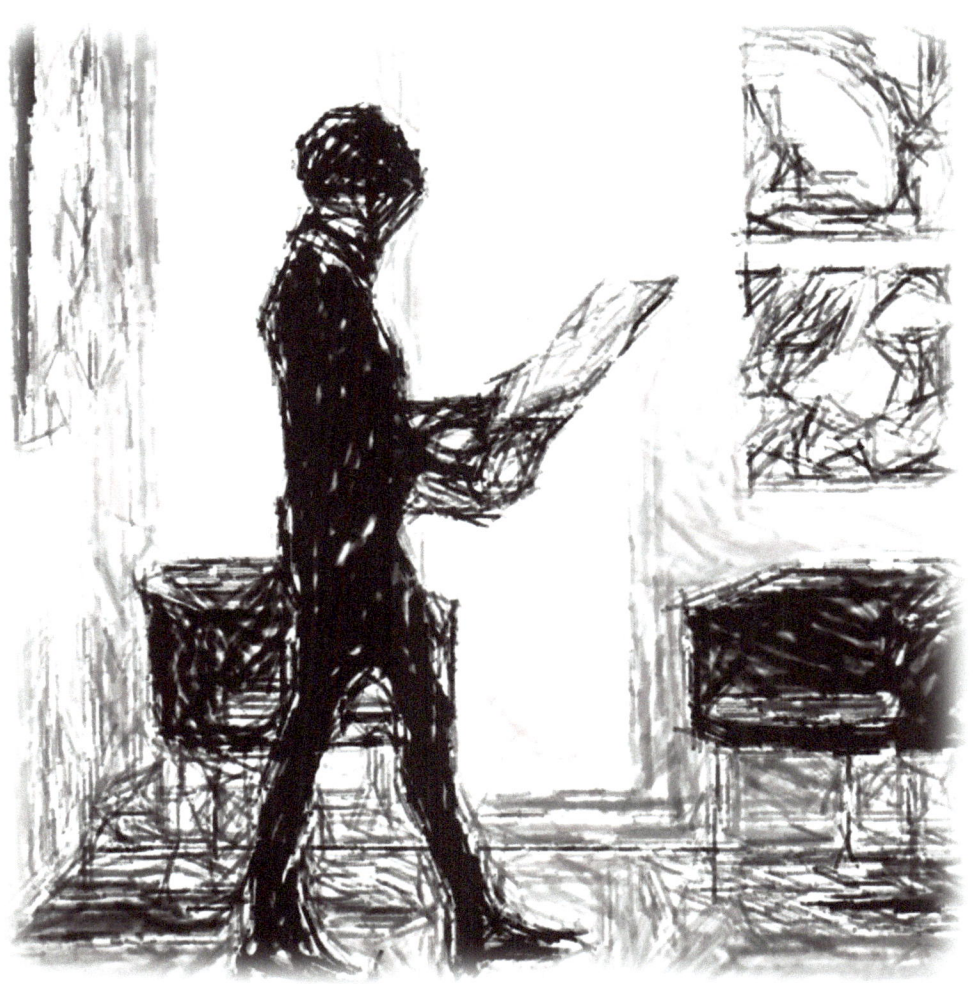

BIOGRAFIA

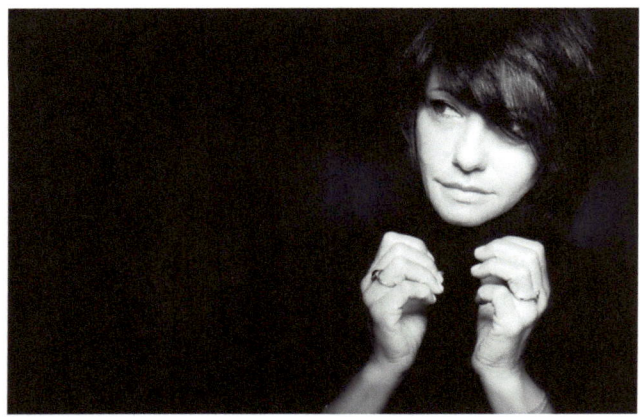

©Foto Maurizio Paradisi

Carla Pistola

Nasce a Jesi una piccola cittadina nelle Marche (Italia) dove tuttora vive e lavora.
Fin da piccola ama esprimersi con il disegno ed i colori. Affascinata da questa magia espressiva, passa gran parte della sua infanzia, ad osservare e cercare di imitare un noto pittore locale, Mondo Giuliani. Il suo percorso scolastico si sviluppa poi nel settore della moda che la porta ad aprire negli anni 90 un laboratorio artigianale di consulenza stilistica. Coltiva cosi anche il suo amore per il disegno e la pittura. Ma è soltanto nel 2015, quando incontra il prof. Giorgio Gregorio Grasso, critico e storico dell'arte, che decide di mostrare le sue opere al mondo ed inizia la sua piena attività espositiva che la porta ad esporre in tutta Italia e all'estero con mostre collettive e personali

ottenendo vari riconoscimenti e pubblicazioni. Le sue nuove amicizie la portano anche a New York, dove oltre ad esporre le sue opere, posa anche come modella. Le sue opere sono esposte in musei e privati. Lavora all'interno di stili sia figurativi che astratti i quali derivano dalla contaminazione e dal fascino subito dagli stili dei movimenti d'avanguardia del 900. Sia nel figurativo che negli astratti, Il colore è il mezzo espressivo che più la rappresenta. In ogni sua opera usa questo mezzo per indurre lo spettatore a perdersi in un mondo interiore ed immaginario dove ritrovarsi e sentirsi, dove lasciarsi andare alle emozioni.

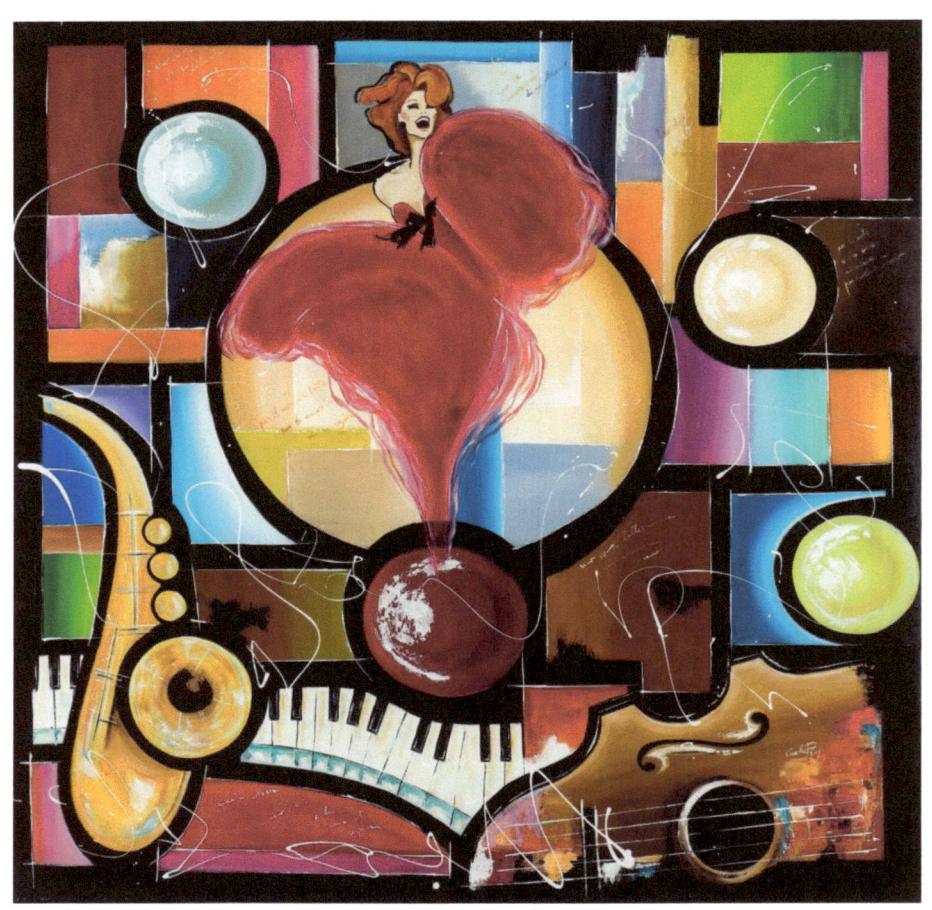
©Foto Eugenio Gibertini

QUANTA BELLEZZA *acrilico su tela 100x100 cm 2019*

CURRICULUM ARTISTICO

Ha iniziato il suo percorso artistico con la partecipazione a piccole mostre collettive:
A Ferrara con Paolo Orsatti "Misteri ed Emozioni", a Roma con Ilaria Pergolesi "Rinfrescarte", a Firenze all'Atelier "PINNARO' " ed in una galleria di Ancona.
Nel 2014 ha partecipato alla Biennale su facebook curata dal dott. Giorgio Grasso,
Nel 2015 alla international contemporary art, affiliata all'Expo di Milano, che si tiene alla vecchia centrale idroelettrica Taccani di Trezzo sull'Adda, curata dal critico e storico dell'arte Dott. Giorgio Grasso dove da agosto ad Ottobre del 2015 si è svolta una sua mini personale con la presenza di 9 opere.
Nel giugno/luglio 2015 ha partecipato ad altre due collettive, a Cesenatico per Il Trofeo Artista dell'anno curata dal critico e storico dell'arte Mariarosaria Belgiovine.
A Cesena, prima tappa del tour che porterà dal virtuale al reale le opere vincitrici la Biennale su Facebook, ideata e voluta A luglio 2015 ha partecipato ad una manifestazione locale SFILATA artistica di SENIGALLIA IN MODA organizzata dall' organizzatore di eventi Mauro Giampieri.
A dicembre 2015 ha partecipato alla collettiva "l'introspezione nell'arte" alla galleria Hotel 38 di Milano.
A Febbraio 2016 ha esposto una sua opera ad un a collettiva a New York, organizzata per san valentino al Ribalta al famoso ristorante pizzeria di Manhattan Premiato come migliore pizzeria italiana della grande mela L'evento è stato ideato e realizzato dal fotografo toscano Fabrizio Gatta.
- Ha partecipato al progetto del fotografo toscano Fabrizio Gatta,

" the artist's style in Art" che vede 28 artiste italiane diventare loro stesse delle opere nella loro arte.

A Marzo 2016 a partecipato alla "1° biennale delle dolomiti" ideata e diretta dal critico e storico dell'arte Giorgio Grasso, coadiuvato dalla dott.ssa Critica e storica dell'arte Mattea Micellio

.A Maggio 2016 con una sua opera ha partecipato ad una mostra itinerante nelle maggiori piazze e nel subway di New York con il progetto ideato e realizzato da Fabrizio Gatta.

A Maggio 2016 ha partecipato alla collettiva di arte contemporanea a Mantova al "Muses Art Gallery", Galleria d'Arte Contemporanea" di Francesco Dau presentata dal critico e storico dell'arte Giorgio Grasso.

-a Giugno 2016 è stata presente alla " 8° BIENNALE DI ARTE CONTEMPORANEA DI FERRARA"

Ha partecipato, con 4 opere, alla collettiva di Roreto di Cherasco " la Rana nell'arte a Roreto", dove ha ricevuto il 2° premio per le maggiori visualizzazioni su facebook. Un suo dipinto, la Primaverana è in esposizione permanente presso le sale del palazzo comunale di Cherasco.

A Novembre 2016 si è svolta una sua personale a Torino al Palazzo dell'educatorio con altri 3 nomi di spicco del panorama dell'arte contemporanea : Ettore della Savina, Pasquale Fillanino e Stefania Chiaraluce.

A Dicembre 2016 ha esposto ancora una volta a New York al favoloso Hotel OCEAN BEAC, con Fabrizio Gatta.

Sempre a Dicembre ha partecipato al Rebirth–day Anime Disperse con il Ponte degli Artisti curata da Savi Arbola

A Febbraio 2017 ha esposto a Santhia' dove per la prima volta si sono abbinati i carri carnevaleschi all'arte della Pittura.

A Marzo 2017 partecipa al premio della Fondazione Mediolanum art Gallery a Padova

Ha ricevuto poi una pubblicazione sul 1° volume della UMBRIA CONTEMPORARY ART , casa editrice WFEedizioni-Lucca
Ha maggio 2017 ha esposto in una collettiva curata dal prof. Grasso presso le sale del castello, polo museale Farnese a Piacenza.
Con il tema "FUORI di LINGUA" partecipa all'esposizione che si terra' a Varese (Milano) al Salone del Mobile Aprile 2017.
A luglio è ospite dell'artista Miro Persojia alla Biennale di Venezia a Palazzo Zenobio con la mostra Metart "l'immagine nell' immagine" curata da Stefano Puzzanghera e dal critico storico dell'arte nonché' curatore del padiglione Armenia della 57 biennale di Venezia, Giorgio Grasso.
Ad Agosto 2017 ha esposto in Sicilia a Cefala' Diana, dove è arrivata seconda classificata ed ha ricevuto il premio per artista dell'anno per il suo percorso artistico.
Ha inoltre in permanenza un'opera esposta al museo di Cefala' Diana
A dicembre 2017 ha esposto le sue opere in una personale nell' galleria del ristorante Jesino "osteria dietro le quinte".
A Febbraio 2018 esposto in una personale con Artisti Italiani nel Mondo a Torino all'educatorio della Provvidenza con Artisti di fama internazionale come Ettore Della Savina, Pasquale Fillanino, Stefania Chiaraluce e Ivana Guarini
Da Maggio 2016 è stata in permanenza alla Galleria Mediolanum di Padova fino ad ottobre 2017.
Dal 20 Marzo al 30 Aprile esposizione personale presso il Pergolesi Enocaffe' di Jesi (AN)
Dal 2017 ad oggi ha preso parte a diverse serate con musica e live painting nei locali più in voga della sua città e a Perugia con Massimiliano Tortoioli scrittore e Stefania Chiaraluce per un evento benefico.
A Giugno 2018 ha esposto in Sicilia a Mezzojuso con Guggione Roberto dove ha conseguito l' onorificenza

Emerita dalle autorità locali acquisendo il titolo di maestro d'arte
Ad agosto ha esposto nella prestigiosa Villa Fidelia di Spello invitata dal direttore della casa degli artisti di Perugia Francesco Minelli
A settembre 2018 in Sicilia a Comiso dove ho ricevuto il premio gran prix in qualità di maestro
Ad Ottobre 2018 ha esposto a Venezia per la mostra Internazionale Musica Festival con Mogol, curatore prof. Giorgio Grasso
Dal 3 Ottobre 2018 al castello di Fombio per la collettiva ANGELI e DEMONI curata dal critico e storico dell'arte prof. Giorgio Grasso nonché curatore della 57° biennale di Venezia settore Armenia.
Sempre nel 2018 partecipa ad un progetto ideato dal critico d'arte Daniele Crippa, che la porta a creare una mattonella raffigurante un angelo che andrà a fare parte delle pareti della chiesa degli angeli in Argentina. Le mattonelle originali andranno in una mostra itinerante a livello nazionale ed internazionale.
A febbraio 2019 ha esposto nella galleria Arcadia sui navigli a Milano.
Da aprile a Maggio 2019 ha esposto le sue opere presso le ville vicentine con Massimo Tegon
A maggio 2019 ha esposto a Venezia a Palazzo Zenobio l'arte ai tempi della 58 esima biennale di Venezia
Dal 4 al 31 agosto 2019 ha esposto presso la villa Fidelia di Spoleto Con "Gli stati dell'arte", organizzata da Francesco Minelli e curata dal critico d'arte Andrea Baffoni.
Il 7 settembre ha partecipato ad una serata live "opera bordenline" malati di niente organizzata dalla struttura Soteria di Jesi.

Dal 14 settembre al 12 ottobre settembre ha partecipato a falconara alla collettiva "l'arte che sa appassionare" organizzata da Sandro Carloni con l'intervento di vari

critici locali e Il prof. Giorgio Grasso Dal 14settembre al 12 ottobre 2019 ha partecipato al Premio Sulmona dove sono intervenuti i critici Maurizio Vitiello, Vittorio Sgarbi e Giorgio di Genova.
Dal 12 settembre al 6 ottobre ha organizzato una personale con il cantante tenore, fotografo ed art director per vari marchi famosi, Marcello Bedoni e sua sorella Claudia Pistola dal Titolo
"l'impalpabile leggerezza dell'essere" al polo museale di Palazzo Bisaccioni della fondazione cassa di Risparmio di Jesi.
Dal 12 al 30 novembre 2019 ha esposto a Milano in galleria via Sant'Orsola 12
Dal 7 dicembre 2019 all'8 marzo 2020 espone al Museo Parisi Valle di Maccagno con Pino e Veddasca (VA) Con " i volti segreti della Gioconda" grande esposizione dedicata ai 500 anni dalla morte di Leonardo da Vinci.
Nel 2019 ha eseguito un lavoro di 100x150 su Raffaello tra Leonardo e Michelangelo su commissione dello scrittore giornalista e curatore dei beni culturali d'Italia ed esteri, Silvano Vincenti. Il dipinto accompagna la presentazione del suo libro su Raffaello per
celebrare l'anniversario della sua morte
Nel maggio 2020 ha partecipato ad un corso sull' espressionismo astratto tenuto dal MoMa di NYC on line ottenendone l'attestato.
Luglio 2020 ha partecipato alla mostra "stati d'arte "a Villa Fidelia, Spello con la casa degli Artisti di Perugia gestita da Francesco Minelli.
Ad ottobre 2020 ha esposto alla galleria Venice art gallery con un dipinto astratto.
A marzo 2021 sono stata invitata a creare un video esplicativo sulla mia arte, fruibile su YouTube, per Arte limpida con una breve recensione da parte del critico attinente.
Nel giugno 2021 è stata scelta una sua opera come copertina del libro di Annalisa Strappini "non chiamatemi

né Eroe né angelo bianco, il dipinto che ormai rappresenta il periodo di lotta contro il covid19 è ora esposto nell'atrio del Carlo Urbani di Jesi, al quale l'artista lo ha donato.

Il 10 luglio ha partecipato al grande evento sul sommo poeta, Dante Alighieri, per celebrare i 500 anni dalla sua morte, con un dipinto su una terzina del canto del Paradiso della divina commedia. Il dipinto fa parte anche di un volume unico che racconta con testo ed immagini la divina commedia. L'evento è avvenuto a Rocca Brivio Sforza a San Giuliano Milanese (MI) ed ha avuto grande risonanza mediatica.

Agosto 2021ha partecipato alla presentazione del libro, Non chiamatemi eroe né angelo bianco di Annalisa Strappini di cui ho creato la copertina. L'evento è avvenuto alla pinacoteca comunale con il patrocinio comunale.

Il 4 agosto 2021 ho partecipato alla mostra su Dante alla rocca di Castelnuovo di porta, Roma. A cura del critico Giorgio Grasso.

Dal 15 al 29 ottobre 2021 ha fatto una personale con 15 opere presso la galleria Merighi di Genova, a cura del cerchio cromatico con Mauro dell'Aira, critico Christian Humouda.

A novembre, 11 e 12 novembre, ha partecipato ad arte Padova con il cerchio cromatico.

Il 26 marzo 2022 ha esposto alla galleria Ravenna art gallery con la collettiva sulla divina commedia curata dal prof. Giorgio Grasso

Il 10 aprile 2022 ha fatto ad una performance dal vivo al Vinitaly presso lo stand 12/B della OINOE vini di Parma, su invito del proprietario Alex Cerioli.

Il 23 aprile 2022 ha partecipato con 4 opere alla collettiva "Europa nell'arte" curata dal prof. Giorgio Gregorio Grasso

L'11 giugno 2022 ha esposto alla Ravenna art gallery per una collettiva sulla pop art alla quale ha partecipato anche la figlia di Berlusconi, Luna Berlusconi.

Il 30 luglio 2022 ha esposto per stati d'arte a Villa Fidelia, Spello con la casa degli artisti di Perugia.

Le sue opere sono in esposizione permanente al comune di Cherasco, al teatro Regio di Parma, Al museo di Cefalà Diana (Palermo) in Sicilia, alla pinacoteca di Mezzojuso, Palermo in Sicilia, al museo della strega di Benevento, al palazzo del provveditorato a Torino, al parco Collodi, Roma e inoltre ha una permanente di 9 opere, all'osteria la Bastia di Pieveottoville di Parma. Una sua opera è presente all'ingresso dell'ospedale civico di Jesi, a rappresentare la forza dell'Unione nello sconfiggere il covid19. È anche presente nella parete della chiesa "los Angeles"(dedicata agli angeli) in Argentina.

Le sue opere sono in vendita presso la galleria internazionale con sede a Parigi, Singulart.

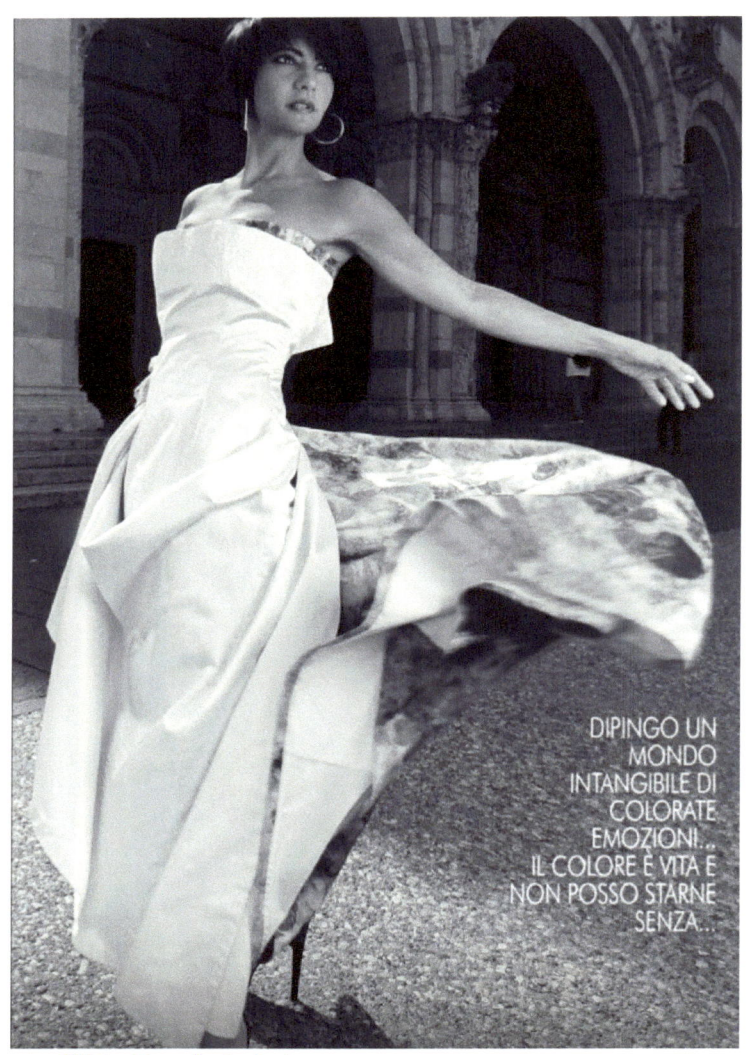

©Foto Marcello Bedoni

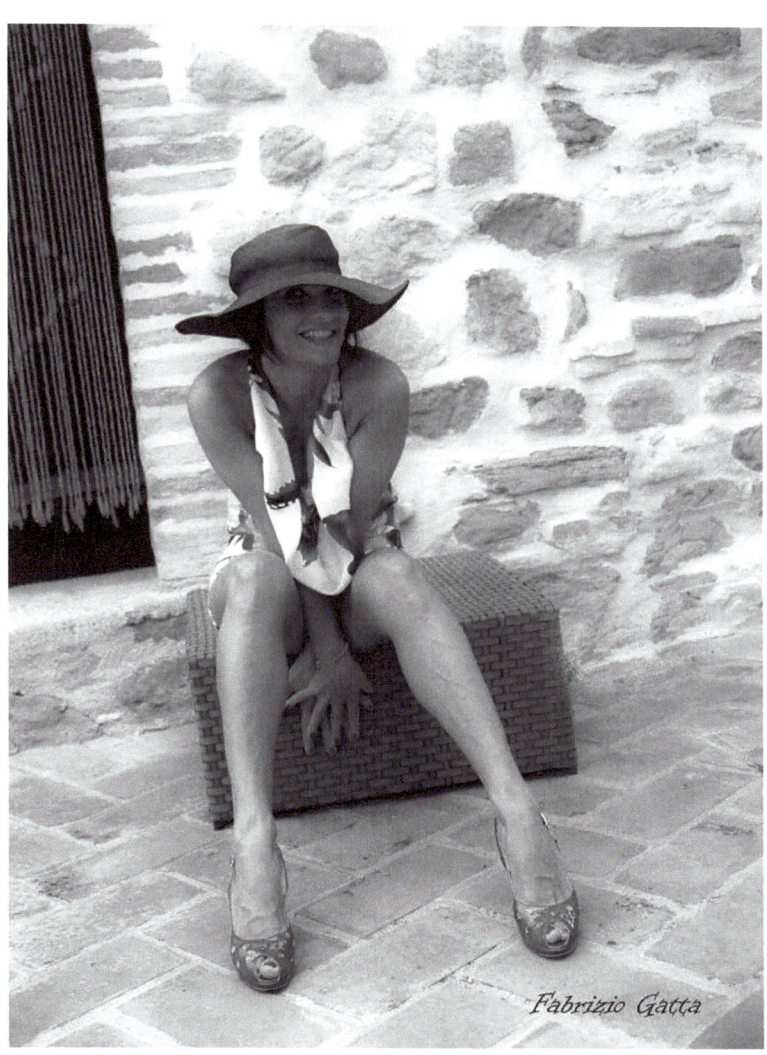
©Foto Fabrizio Gatta

RINGRAZIAMENTI

Dal 2015 ho conosciuto tantissime persone del mondo dell'arte artisti, di tutto il mondo, curatori, critici, amanti dell'arte, collezionisti, fotografi, tantissime persone che non nomino per timore di tralasciare involontariamente qualcuno ma in un modo o nell'altro sono tutti stati e sono importanti. Molti li ho incontrati personalmente altri sono ancora dietro il contatto del mio cellulare o dietro una foto di uno dei tanti social, in attesa dell'occasione in cui conoscersi. Con alcuni si è instaurato un rapporto di vera amicizia, altri sono stati semplicemente di passaggio,

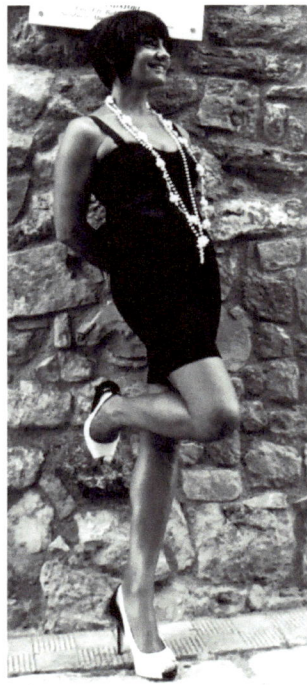

compagni di viaggio, ma tutti proprio tutti hanno contribuito alla voglia di continuare il mio percorso artistico. Sono fortunata devo dire infatti che per mezzo dell'arte ho sempre conosciuto e spero conoscerò tante persone meravigliose. Ringrazio quindi chiunque mi segua sui social, nelle esposizioni e coloro che continuano, anche solo con un messaggio, a supportarmi e spingermi ad osare ancora. Ringrazio tutti voi dal profondo del mio cuore con la consapevolezza che senza non avrei modo di esistere, la mia arte non esisterebbe. Come scriveva Mark Rothko:

l'arte è un connubio è come un matrimonio, senza averlo consumato è nullo.
Cosi io senza il vostro continuo supporto e contributo sarei nessuno. I miei dipinti rimarrebbero senza voce alcuna.
Ringrazio i fotografi per le foto in questo book e infine in particolar modo ringrazio la mia famiglia, mio Marito ed i miei figli che mi supportano ed aiutano come possono.
la mia caposala che mi ha sempre spinto verso questa strada e tutti i miei colleghi ed amici per sopportare le mie stravaganze e richieste…. permettendomi cosi di realizzare il mio sogno.
Vi amo proprio tutti.

Carla Pistola

Contatti

pistolacarla05@gmail.com

https://www.instagram.com/carla_pistola/?hl=it

https://www.facebook.com/carlap05

https://it.linkedin.com/in/carla-pistola-8a684190

https://www.singulart.com/it/artista/carla-pistola-3037#:~:text=Carla%20Pistola%20%C3%A8%20un'artista,stili%20sia%20astratti%20che%20figurativi.

Art Studio Carla Pistola Viale Trieste 17 Jesi, Ancona

www.ingramcontent.com/pod-product-compliance
Lightning Source LLC
Chambersburg PA
CBHW040224220526
45473CB00001B/108